Robert Schwarz

Corona, der Tod, die Kontrolle
und unser Leben

Robert Schwarz

Corona, der Tod, die Kontrolle und unser Leben

Eine Coronik

Books on Demand Norderstedt

Denen, die nach der Wahrheit trachten

Bibliografische Information der Deutschen Nationalbibliothek: Die Deutsche Nationalbibliothek verzeichnet diese Publikation in der Deutschen Nationalbibliografie;
detaillierte bibliografische Daten sind im Internet über dnb.dnb.de abrufbar.

Herstellung und Verlag: BoD – Books on Demand, Norderstedt
ISBN: 9783751943994

Inhalt

II

A. Wie dieses Buch entstand / Was es beabsichtigt

Der Weg entsteht im Gehen, sagt man. Ähnlich ist es mit dem Schreiben. Ich habe mich in das Recherchieren und Schreiben gestürzt, weil mir einiges nicht stimmig vorkam, was in den Medien als Bild unserer Lage präsentiert wurde. Und so hat es sich ergeben, dass täglich neue Einsichten und Informationen dazukamen. Eigentlich könnte ich mich jetzt, wo das Buch fertig ist, hinsetzen, und es gleich noch einmal neu schreiben. Aber ich denke, es hat einen besonderen Wert, wenn man ihm seine Entstehung im Prozess noch ansieht. So bietet es neben dem größeren Kontext, in den es die Ereignisse stellt, auch eine Chronik.

Vor kurzem bekam ich die Gelegenheit, über das Wort „radikal" nachzudenken[1]. Das Wort „*radix*", von dem es sich herleitet, ist ja die „*Wurzel*". Ich kam darauf, dass das Wort nicht nur bedeutet, in die Tiefe zu gehen – da besteht ja immer auch die Gefahr der Engstirnigkeit und Rechthaberei – sondern auch den nährenden Boden zu berücksichtigen und überhaupt das Ganze, in dem etwas wurzelt. Insoferne ist dieses Buch *radikal*. Es ist integral, es bezieht sich auf das Ganze unseres Lebens, nicht nur auf einen kleinen Virus.

Sie finden hier die Ergebnisse meiner Recherchen und meines Nachdenkens, und ich beziehe mich auf meine eigene Erfahrung und die meiner Freunde, das heißt, ich habe keine Angst darin als die Person vorzukommen, die ich bin. Trotzdem strebte ich eine allgemeinere Gültigkeit an. Ich fragte immer: Was gilt für alle? Was ist die gemeinsame Erfahrung der durch Corona verursachten

---

1   Der kleine Artikel ist nachzulesen auf meiner Homepage.

Situation? Was sind die großen Zusammenhänge sowie die allgemeinen Erkenntnisse, die sich daraus folgern lassen?

In der Herangehensweise an diese Fragen versuchte ich, die sonst oft getrennten Fähigkeiten der beiden Hirnhälften zu kombinieren. Als Philosoph untersuche ich gerne größere Zusammenhänge und verfolge Fragen über längere Zeit. Auf der anderen Seite bin ich auch gerne kreativ, horche einer Stimmung in mir zu, folge einer spontanen Bewegung, einem plötzlichen Einfall, greife ein Bild aus der Landschaft oder verlasse mich auf meine Intuition. Normalerweise verweist man beides auf getrennte Seiten: Hier die verstandesbetonte Argumentation, die nur der Logik vertraut, dort der Raum für das Bildhafte, für Lyrik, Traum und Spielerei und für die schöpferische Phantasie. Auch wenn ich in diesem Buch analytisch vorgehe, werde ich nicht auf die andere Hälfte des geistigen Reichtums verzichten.

Einseitigkeit zeigt sich meiner Ansicht nach in den politischen Maßnahmen, mit denen unsere Regierungen versuchen, der Situation Herr zu werden. So bleiben bestimmte Teile der Realität unterbelichtet. Es ist meine Sorge um die Auswirkungen dieser Einseitigkeit, die mich dazu motivierte, mich an die Arbeit zu machen und Beobachtungen zusammenzutragen, die in Summe ein anderes Bild unserer Situation ergeben als dasjenige, das von den meisten Expert*innen und Politiker*innen[2] präsentiert wird. Ich halte den in den allermeisten Ländern eingeschlagenen Weg der Bewältigung der Corona-Herausforderung für einseitig und kurzsichtig. Dabei wird er doch als alternativlos hingestellt. Meine Sichtweise ist relativierend, ergänzend, kritisch und warnend. Am wichtigsten war mir aber, auf das Potential der Situation hinzuweisen, große und wünschenswerte Veränderungen in Gang zu bringen. Also eine

---

2 Ich verwende manchmal das Binnen*chen, als optische Erinnerung an das gemeinsame Wirken von Männern und Frauen.

konstruktive Sicht auf unsere Situation. Das Buch enthält auch praktische Anregungen. Außerdem zeigt es, dass die Entscheidung jedes Menschen zählt, der Angst Nahrung zu entziehen.

Ich bin mir bewusst, dass ich nur einen Teil der Wirklichkeit überblicke, so wie jede*r. Wichtige Details können mir entgangen sein. Anders kann es gar nicht sein, denn die Lage ist so vielfältig.

Wenn Sie wesentliche Aspekte beitragen möchten (auf einer Homepage, die ich dafür einrichten werde), dann freue ich mich über Ihr Feedback und die Auseinandersetzungen, die sich daraus ergeben. Die uns erwartende, erst in Umrissen absehbare soziale Wirklichkeit nach Corona wird das Ergebnis vieler Interventionen sein. Wir sollten die bequeme Neutralität des Beobachters an den Nagel hängen. *Let's go!*

Wichtig war mir, dass ich als ganze Person da bin, in meiner vollen Sensibilität, Kraft und Verantwortung. Ich bin entschlossen, mein ganzes Gewicht in die Waagschale zu legen. Mein Eindruck ist, dass wir kollektiv ein zu niedriges Bild des Menschen haben, zu wenig an unsere Fähigkeiten glauben, uns auch den großen Fragen zu stellen, während wir auf der anderen Seite dazu neigen, uns unberührbar zu machen und vor Veränderung zu schützen.

Doch ich möchte mich auf die Wette einlassen, dass es möglich ist zu lernen, wie wir uns aus der großen Selbstgefährdung herausbewegen, in der wir leben. Der Virus ist nur ein Teil eines größeren Bedrohungshorizontes. Ich möchte auf die Kräfte der Inspiration und der Imagination setzen, auf die Kräfte des Lebens, das sich nicht unterdrücken und einengen lassen will. Unsere Rationalität darf einen größeren Horizont bekommen, unser Herz eine größere Spannweite. Bringen wir diesen Ball ins Rollen!

Ich freue mich auf Ihre Neugierde und wünsche Ihnen viel Vergnügen bei Ihrer Lektüre.

B. Kapitel-Fahrplan

In **(1) „Die Träume meiner Cousine"** steige ich mit ein paar beeindruckenden Bildern ein, die auf das positive Potential der Corona-Situation hinweisen. Meine Cousine ist an sich eine eher besorgte Person – um so beeindruckender sind die Träume, die eine Reihe von inneren Stationen zeigen, die uns bei der Auseinandersetzung mit unserer gegenwärtigen Lage erwarten. An die ermutigende Atmosphäre der Träume knüpfe ich im hinteren Teil des Buches an. Dann **(2 „Betroffenheit")** schildere ich meine eigenen Erfahrungen mit der Ausgangsbeschränkung. Vor allem gelang es mir nicht, einigermaßen „unbetroffen" zu bleiben, wie ich mir anfangs noch einredete. Mein Körper gab mir etwas anderes zu spüren. Dies zuzugeben war ein wichtiger Schritt für mich, um das Social Distancing überhaupt verarbeiten zu können. In **(3 „Überstürzung")** geht es um die zeitliche Dynamik der Ereignisse. Warum hatte ich das nicht kommen sehen? Wie kam es zum Eindruck der Überstürzung? Ich gehe der Frage nach, warum einige Länder mit den ergriffenen Maßnahmen offenbar zu spät dran waren, obwohl wir die Situation in China doch zuvor lange von außen beobachtet hatten. Die Medien brachten die Sensation und ihren Kitzel ins Haus, aber das ganze wirkte auch ein wenig wie Science Fiction, unglaubwürdig. Dann **(4 „Tragweite")** geht es um die Frage, warum die Ereignisse um Corona dann eine dermaßen große, unvergleichliche Tragweite bekamen. Vorhergehende große Pandemien bekamen bei weitem nicht dieses totale Maß an Aufmerksamkeit. Ich trage ein paar Beobachtungen aus der Zeit der Spanischen und der Asiatischen Grippe zusammen und stelle die Frage, warum die Krankheit in jener Zeit öffentlich kaum thematisiert worden ist.

Natürlich kann man die Situation von heute und damals nicht in einen Topf werfen. Aber es ist zu fragen, was sich da verschoben, welche Faktoren dazugekommen sind, die dem Ereignis die Chance gaben, in besonderer Dramatik aufgefasst und erzählt zu werden. Eine Rolle spielt etwa, dass man damals keine hohe Erwartungen in die Möglichkeiten der virologischen Medizin setzte. Nachdem ich einiges über die Wahrnehmungsbedingungen einer Epidemie als gefährlicher Bedrohung ausgeführt habe, folgt in **5 („Was schlimm ist")** eine Betrachtung einiger praktisch offenbar unlösbarer Widersprüche, mit denen uns die Pandemie konfrontiert. Der Virus ist an sich für die allermeisten nicht besonders gefährlich, und er er ist zugleich eine tödliche Gefahr. Das Aufgeben jedes einzelnen Menschen, der noch gerettet werden kann, ist unzumutbar, und doch ist der Tod eine erwartbare Normalität. Leben als unbedingter Wert ist nicht ökonomisch aufzurechnen, und doch geschieht das ständig. Es ist, als hätten wir uns rund um die Corona-Zahlen ein Relativierungs- und Vergleichsverbot auferlegt, und doch müsste eigentlich sehr genau verglichen werden, um die Größenordnung des Ausmaßes der Erkrankungs- und Todeszahlen konkret zu begreifen. Dann würden wir sehen, dass wir ein wenig die Relationen aus dem Blick verloren haben. In **6 („Was treiben Viren")** wenden wir uns den höchst eigenartigen Viren zu, der Seinsart, die uns in diese Bredouille gebracht hat. Wir schauen uns genauer an, welche Rolle an der Grenze des Lebens sie spielt. Es zeigt sich, dass Viren das Leben wohl von Anfang an begleitet haben. Sie helfen ihm sogar, sich zu regulieren, und transportieren DNA über Artengrenzen hinweg. Viren sind den übrigen Lebensformen ko-evolutiv verbunden. Auch tragen wir ständig einige Virenarten in gigantischer Anzahl in uns, die meisten Viren sind allerdings nicht aktiv. Spielerisch greife ich den Gedanke auf, dass die Viren vielleicht eine besondere „Mission" in Bezug auf den Menschen haben. In 7

(**„Maßnahmen"**) werfe ich einen Blick auf die besonderen Bedingungen eines Ausnahmezustandes. Inwiefern ist seine Einführung gerechtfertigt, wie lange kann er – als per Deklaration beschlossener Sonderzustand – aufrechterhalten werden? Welche Opfer dürfen in seinem Namen gefordert werden, solange er herrscht? Es ist klar zu sehen, dass wir uns nicht in einem Krieg befinden, in dem viele demokratische Rechte eingezogen werden. Weiters nehme ich in den Blick, wie sich die Maßnahmen mittel und langfristig auswirken könnten, also welche Wirkungen auf Wirtschaft, Gesellschaft und Politik zu erwarten sind. Es ist absehbar, dass die Folgen enorm sein werden, und es stellt sich die Frage, ob tatsächlich „jeder Preis" gezahlt werden muss, um die Ausbreitungsgeschwindigkeit des Virus einzudämmen. In **8 („Überleben")** geht es um das Phänomen einer allgemeinen Todesflucht in unserer Zivilisation. Während frühere Kulturen noch bewusst und in Form von Initiation die Begegnung mit dem Tod suchten, scheinen wir ihn heute unbedingt wegschieben zu wollen. Ich vermute, dass die Wichtigkeit, die wir der Bedrohung durch Corona geben, auch ein Symptom sein kann für ein Davonlaufen vor der Realität. Der Bedrohungshorizont der unheilvollen Veränderungen auf dem Planeten, die wir selbst ausgelöst haben, ist größer und drastischer, jetzt offenbar aus dem Blickfeld gerückt, und wir verschießen möglicherweise unser Pulver im „Kampf gegen den Virus".

Kapitel **9 („Corona")** stellt zwei erstaunliche Funde vor. Zwei zufällige Bedeutungen des Ausdrucks „Corona" bringen das Besondere unserer Situation passgenau auf den Punkt. In der Musiknotation markiert die Corona eine Generalpause, deren Länge vorab nicht genau definiert ist. Die christliche Ahnenreihe der Märtyrer*innen kennt eine Hl. Corona, die als Schutzpatronin gegen Seuchen gilt. Nicht nur das: Sie wurde hingerichtet, indem man sie zwischen zwei nach unten gebogene Palmen spannte, und als diese zurückschnellten, wurde sie zerrissen. Dies ist auch ein Sinnbild für die zerreißende Situation, der wir ausgesetzt sind. Beide Corona-Bedeutungen zusammen ergeben eine geistige Signatur dieser Situation. Wir können gesellschaftlich in die Enge gehen oder eine innere Weite entdecken, und beide Seiten sind sehr schwer miteinander vermittelbar und setzen uns unter Spannung. Die radikalen Maßnahmen setzen das gesellschaftliche Funktionieren insgesamt unter sehr starke Spannungen. In **10 („Trennung")** beschreibe ich die Auswirkungen des Social Distancing auf das Erleben und die Form unserer Geselligkeit. Was passiert, wenn über lange Zeit die Hautberührung und Tuchfühlung fehlt? Und wenn Menschen Situationen erleben, wo sie sich instinktiv wie Parias fühlen? Den soziologischen und massenpsychologischen Auswirkungen einer äußeren Bedrohungssituation gehe ich in **11 („Konformität")** nach. Zunächst beschreibe ich eine Zirkularität (Henne-Ei) in der gesellschaftlichen Herstellung des Ausnahmezustands. Danach geht darum, was in einer Gesellschaft passiert, wenn es ein hohes Angstpotential, eine permanente äußere Bedrohung gibt. Es entsteht dann eine starke Tendenz der Homogenisierung sowie eine Neigung, die Führung und das Urteilen an bestimmte Leitgruppen abzugeben und sich als Teil einer geführten Masse zu erleben, in der aufzugehen vermeintlich schützt. Das Individuum fällt dann leicht in die Position der Unmündigkeit zurück. Die Zufriedenheit mit den Regierungen wächst in der Regel massiv. In **12 („Leben / Sterben")** geht es um die Kostbarkeit des Lebens und wie es dennoch sein kann, dass der Mensch als Individuum oder als Kollektiv sich gegen das Leben entscheidet. Ich attestiere unserem kollektiven Verhalten eine Gespaltenheit: Während wir uns auf der einen Seite von den tiefen Notwendigkeiten des Lebens und von der Anerkennung seiner Verletzbarkeit abwenden, verschanzen wir uns andererseits in einem Egoismus des „Mein-Leben" und „Unser-Leben". Es fällt uns offenbar leichter, uns mit ganzer Kraft gegen den Virus zu stemmen und „unser Leben" zu verteidigen, als die Bedrohtheit des Ganzen in den Blick zu nehmen. Wir müssen noch umfassender realisieren, dass wir nicht die Herren des Lebens sind. In **13 („Was nun?")** stelle ich mich dem Dilemma, das mir beim Schreiben klar geworden ist: Auch wenn unsere Maßnahmen gegen Corona uns extrem viel kosten, teilweise übertrieben sind und unabsehbare Risiken mit sich bringen, ein anderer politischer Umgang damit scheint im Moment weder realistisch noch zumutbar. Was also tun? Das Beste aus der Situation machen. Die Pause vom normalen und gewohnten Funktionieren, in der wir umlernen müssen und uns in der Isolation und im Verzicht anders selbst erfahren, ist auch eine einzigartige Chance. Auf so eine Chance haben wir lange gewartet. Es kommt jetzt darauf an, wie wir damit umgehen, wie wir uns mit anderen verbinden, welche Wünsche und Absichten wir verfolgen. Bereits jetzt wird die Zeit nach Corona ausgebrütet. Die Kreativität, mit der jetzt viele reagieren müssen, könnte auch eine Quelle des Neuen sein. Kapitel **14 („Was uns stark macht")** fasst konkret ins Auge, was Menschen die Grundlage dafür verschafft, sich zu entfalten, in ihre Kraft und Selbstverantwortung zu gehen. Ich beschreibe zwei Dimensionen, die beide die Verbindung mit anderen Menschen zur Voraussetzung haben. Einmal den existentiellen Selbstausdruck, eigene Befindlichkeiten und Zustände vollständig ausdrücken zu dürfen. Dann den politischen Selbstausdruck, indem Menschen sich öffentlich für ihre Interessen einsetzen. Diese beiden Dimensionen sehe ich als wesentliche Grundlage für die Selbstentfaltung des Individuums. Auf ihr aufbauend können uns eine Reihe von Tugenden dabei helfen, uns als selbstbestimmt, fähig und kraftvoll zu erfahren und mit anderen zu verbinden. Wir werden sie brauchen, um für unsere Interessen einzustehen, gesellschaftliche

Spaltung zu verhindern und unsere Aufgaben mit Freude und Zuversicht anzugehen.

In **15 („Gegen die Angst")** untersuche ich die Emotion der Angst. Diese hat eine hemmende, blockierende Seite, nämlich dann, wenn chronische Angst dazu führt, dass man sich immer mehr „schützend" einigelt. Demgegenüber steht die belebende Angst als energetischer Impuls, der Menschen über Schwellen stoßen und in Abenteuer laden kann. Gesellschaftlich kann sich Angst freilich wie eine Seuche ausbreiten. Ich stelle ein paar Mittel und Techniken vor, wie einzelne Betroffene bedrängende Angstdynamiken verlassen können und wie die Angst oder der Angstgegenstand auch mental transformiert werden können. Mit solchen konkreten Mitteln, die Angst-Enge zu verlassen, sind wir auch den **(16) „politische(n) Gefahren"** besser gewappnet. Stark erweiterte Machtbefugnisse stellen eine Verlockung für viele Regierungen dar. In Zeiten der Krise werden gesellschaftliche Weichenstellungen vorgenommen, die im Nachhinein nicht mehr rückgängig zu machen sind. Freiheits- und Selbstbestimmungsrechte stehen unter Druck, „Notwendigkeiten" der Kontrolle weichen zu müssen. Ist die politische Souveränität des Volkes, die ihm das Recht auf demokratische Selbstbestimmung gab, unter diesen Voraussetzungen haltbar? Eine Vielfalt realexistierender Szenarien sehen wir uns in einem Rundgang durch verschiedene von Corona betroffene Länder an. Die jeweilige politische Kultur dieser Länder drückt den unterschiedlichen Arten, wie die Corona-Situation politisch umgesetzt wird, ihren Stempel auf.

In **17 („Pause nutzen")** steht die Frage im Raum, wie die notwendige Pause, das Wegbrechen vieler Zerstreuungsmöglichkeiten als etwas Nährendes erfahren werden kann. Die Pause erlaubt es, anders als gewohnt auf sich selbst zurückzukommen. Wir lesen das Corona-Gedicht von Paul Celan: Die Zeit des Wartens beinhaltet eine eigentümliche, kostbare Erfahrung. Zeit in der Zeit zu haben ist ein Privileg. Steine sollen erblühen. Wir betrachten innere Orientierungsmöglichkeiten, wie so eine Pausen-Zeit persönlich oder kollektiv fruchtbar sein kann.

Im **18. („Krankheit / Gesundheit")** Kapitel schlage ich vor, individuell den Fokus statt auf die Ansteckung auf die Gesundheit zu legen. Wieso gibt es keine breit angelegten Studien dazu, warum offenbar recht vielen Menschen das Virus gar nicht gefährlich wird? Was macht uns gesund und lässt uns unsere Gesundheit genießen? Zum Teil ist es gerade das, auf das viele Menschen im Namen der Nicht-Ansteckung jetzt verzichten müssen. Der Ansatz der virologischen Medizin ist zu einseitig und genügt nicht. Ich weise in diesem Kapitel auf die seelischen und geistigen Dimensionen von Gesundheit hin, die die körperliche ergänzen. Die geistige Ausrichtung und Arbeit mit Vorstellungsbildern sind wirksame Faktoren, die in ein integrales Bild wünschenswerter Immunität mit hineingehören. **19 („Kontrolle")** schildert Herkunft und Grenzen des Kontrollparadigmas. Ich interpretiere das Paradigma der Kontrolle als einen Apparat, der sich, wenn er zu mächtig wird, gegen das Leben selbst richtet. Mittlerweile stehen Technologien der Überwachung und Kontrolle zur Verfügung, die zu Systemen der permanenten Überwachung und Aussortierung führen können, im Namen der Gesundheit und des „Wohles aller". Solche Entwicklungen können zu einer neuen Art von totalitärer Herrschaft führen. Solchen dystopischen Potentialen gegenüber sollten wir besonders wachsam sein, argumentiere ich. Kapitel **20 („Der einzelne und die Gesellschaft")** ist ein Schlüsselkapitel, in dem ein neues, intimes Verhältnis von Individuum und Gesellschaft angeregt wird. Es wird hier eine Form der Kommunikation vorgestellt, wie sie früher in Gemeinschaften üblich war und die meiner Ansicht nach ein allgemeines Muster sein könnte für die Verhandlungen auf allen gesellschaftlichen Ebenen, die uns bevorstehen. Am (21 „**Schluss. Zerrissen?**") führe ich die Hauptmotive des Buches zusammen. Verletzlichkeit und Sterblichkeit definieren uns im Kern, ich lehne den Transhumanismus ab. Der Kreis schließt sich mit einem Symbol des Lebens. Ich plädiere dafür, im Virus eine Art Sparringpartner zu sehen, der uns wacher, selbstbewusster und mutiger macht.

C. Dank

Dieses Buch hätte nicht entstehen können ohne die Unterstützung vieler Menschen, die mir nahe stehen. Besonders bedanken möchte ich mich bei meiner Familie und bei meinen Freund*innen, namentlich bei denen, denen ich wichtige Hinweise verdanke: Erwin Stampfer, Dorothea Ziegler, Barbara Klaus, Gabriel Ramin Schor, Reinhard DeVora, Sascha Tscherni, Erwin Zbiral und vielen anderen, die mich begleiten und inspirieren, sowie bei den zahlreichen Menschen, von denen ich gelernt habe. Einige unter vielen: Gopal Norbert Klein und Vivien Dittmar. Ich bedanke mich bei Laura Bakmann, die mich mit meinen eigenen Widersprüchlichkeiten und Ängsten konfrontiert. Ich bedanke mich bei meiner Cousine Eva, die mir ihre Träume anvertraute. Mein besonderer Dank gilt einem Autor, der mir eine Art literarischer Mentor war: Rainer Maria Rilke.

„Aber unsere Wirrnisse sind seit je ein Teil unserer Reichtümer gewesen, und wo wir vor ihrer Gewalt uns entsetzen, erschrecken
wir doch nur vor ungeahnten Möglichkeiten und Spannungen unserer Kraft -; und das Chaos, wenn wir nur ein wenig Abstand davon gewinnen, erregt in uns sofort die Ahnung neuer Ordnungen
und, sowie unser Mut sich an solchen Ahnungen nur im mindesten
sich beteiligen mag, auch schon die Neugierde und die Lust, jenes
noch unvorsehliche künftige Ordnen zu leisten!" (Rainer Maria
Rilke)

1. Die Träume meiner Cousine

„Zuhören ist wichtig – wir haben nicht umsonst zwei Ohren und nur einen Mund."

Eine Cousine von mir schickte mir vier Traumerzählungen, das war kurz nachdem ich mit der Abfassung dieses Buches begonnen hatte. Wir sehen uns nur sehr selten, aber diese Cousine weiß, dass ich mich gerne mit Träumen beschäftige, und wir haben uns gelegentlich am Telefon schon mit einem interessanten Traum von ihr auseinandergesetzt. Ich war von diesen Träumen sehr beeindruckt, von ihrer klaren Sprache und ihrer positiven Stimmung, und vor allem dachte ich mir: Was für ein schönes Zusammentreffen! Da entscheide ich mich, intensiv und umfassend über Corona nachzudenken, und sie schickt mir zeitgleich diese Träume. Im Begleitschreiben bezeichnete sie sie als „ihre Corona-Träume".

Träume haben etwas Augenöffnendes. Ihre Bilder sind oft sehr suggestiv und gehen irgendwie unter die Haut. Genauso wichtig wie unser Sinn für Bilder ist das fühlende Aufnehmen ihrer Atmosphäre, und dass die deutende Person genau auf die verwendeten Wörter hört. Schön ist es, Träume noch einmal nachzuerzählen und ihnen zu lauschen. Es ist beim Versuch ihrer Deutung nicht so einfach, wie manche Traumbücher suggerieren, dass man etwa bloß wie aus einer Fremdsprache Symbol für Symbol nachschlagen müsste und dann läge eine Übersetzung in die wahre Bedeutung des Traumes aufgeschlagen vor einem, so dass man sie aufnehmen könnte wie eine Zeitungsnachricht. Sigmund Freud verwendete für den Traum die Metapher eines Myezels, das ist das Wurzelgeflecht der Pilze im Waldboden. Der Pilz ist nämlich nur der sichtbare Teil dieses rätselhaften Lebewesens, das sich in Wirklichkeit weit in den Waldboden hineinzieht und – wie uns die allerneueste Biologie sagt – sogar chemisch mit den Bäumen kommuniziert. Und so hat auch der Traum einen weiten, unsichtbaren Untergrund. Sein Schüler C. G. Jung schlug die Metapher eines kaleidoskopischen Prismas vor, das man versuchend dreht und wendet, bis sich plötzlich die Traumdetails zu decken beginnen, klare Konturen zu erkennen geben, die ihre innere Kongruenz oder Resonanz ins Bewusstsein spielen und im großen Raum der Psyche Sinn machen.

So oder so, in beiden psychoanalytischen Zugangsarten braucht es eine Deutung, obwohl Träume auch wirken, wenn sie ungedeutet bleiben. In den Träumen spricht sich oft ein tieferes Wissen unserer Seele oder unseres Geistes aus, das unsere alltäglichen Bewusstseinsinhalte *ergänzt oder korrigiert.*

Wie gesagt, die Träume berührten und beeindruckten mich, nicht nur wegen diesem Zufall, der so unwahrscheinlich nicht ist, sondern wegen der lichtvollen und optimistischen Qualität, die ich darin wahrnahm. Meine Cousine ist, wie auch schon ihre Mutter, eine intuitiv begabte Person, und es ist schon mehrmals vorgekommen, dass sie Dinge wusste, die später eingetroffen sind. Ich beschloss, ihre vier Corona-Träume an den Beginn dieses Buches zu stellen.

1. **Traum:** Bei diesem Traum (ich glaube, dass es der erste war), haben wir vier in einem älteren, aber nicht „schönen" Haus gewohnt, schon etwas älter und länger bewohnt, aber super „in Schuss". Das Haus war nicht so hell, wie es viele Häuser und Wohnungen heute sind, aber so mag ich es auch. Es hatte trotzdem Glasfronten und eine Terrasse, über die wir in den Garten gekommen sind. Der Garten war ein Obst- und Blumengarten, wie man ihn von

„früher" oder aus dem Fernsehen (da gibt es Sendungen, die eher naturverbundene Gärten zeigen, die sehr naturmäßig, sehr „idyllisch" wirken) kennt: Viele Blumen, viel Lebensraum für Insekten usw., alte Obstbäume, die Schatten spenden (und in späterer Folge logischerweise Obst) usw. Es ist Sommer. Ich sitze mit meinem Mann und den Kindern draußen. Ich sage: „Gut, dass wir in der Situation (Corona) einen eigenen Garten haben!"

2. Traum: In einem weiteren Traum versuche ich Brot zu kaufen. Irgendwie habe ich im Traum das Gefühl, dass ich das Brot ausschließlich für meinen Mann kaufe. Ich gehe von Geschäft zu Geschäft. Finde auch überall Brot und kaufe es auch. Aber immer passt irgendwas nicht. Einmal ist es schon schimmelig, als ich zuhause ankomme, einmal höre ich beim Rausgehen aus der Bäckerei, dass eine der Verkäuferinnen krank wäre (welche Krankheit wird nicht gesagt), aber ihre Schicht noch fertig machen wollte. Ich werfe also auch dieses Brot weg, weil ich nicht weiß, ob irgendwelche Keime drauf sind. Zuhause angekommen finde ich Brot, das ich am Vortag gekauft, aber völlig vergessen hatte. Ich bin mir aber nicht sicher, ob man das noch essen kann, weil es ja „so lange" unbeaufsichtigt in einer Art Keller (ähnelt unserem Kellerabteil, ist jedoch auf einer Seite „offen", hat also eine Verbindung nach außen, ist luftig, nicht allzu dunkel) gelegen hat.

3. Traum: Im nächsten Traum bin ich bei meiner „Tante" in ihrem Wohnhaus am Berg zu Kaffee und Kuchen (sie macht immer so gute Mehlspeisen; wir sehen uns nicht oft, können uns aber gut leiden) eingeladen. Das Haus, in dem ich sie besuche sieht jedoch anders aus, als das „alte" Bauernhaus, in dem sie wohnt. Auch eher ein Haus aus den 70er Jahren. Zum Kaffee treffen wir uns im 1. Stock des Hauses, in das eine Art „Wendeltreppe" (gutes Licht, man sieht alles) führt. Die Treppe geht aber nicht steil nach oben. Die Kreise, die die Stiege macht, sind also sehr groß (man bekommt also keinen „Drehwurm"). Auf den einzelnen Stufen liegen seitlich Dinge. Ich kann nicht mehr sagen, welche Dinge es sind, aber irgendwie schiene ich mich daran zu erinnern, dass es irgendwelche „nützlichen" Dinge sind. Ein Geländer hat die Stiege nicht, aber das stört nicht und wirkt auch nicht gefährlich. Ich fühle mich „sicher" in dieser Situation, keine Angst vor Ansteckung (die Tante ist auch „schon" über 60). Ich weiß, dass wir alle „Sicherheitsmaßnahmen" einhalten (der Traum war deutlich vor der Ankündigung der Maskenpflicht, ich trage im Traum auch keine Maske) und dass nichts passieren kann.

4. Traum: Dieser Traum war diese Nacht. Ich bin in einer Stadt, die ich nicht kenne. Im Traum scheine ich mich aber auszukennen. Eher eine „alte" Stadt im Sinne einer Stadt „mit Kultur". Ich schlendere durch die Stadt, erinnere mich irgendwann, dass ich ja noch Brot besorgen oder backen „muss" (ich habe in der Realität angefangen hin und wieder Brot zu backen, mit eigenem Sauerteig, damit wir noch seltener einkaufen müssen). Ich gehe heim (schaut aber nicht aus wie unsere Wohnung) und hole aus dem Kühlschrank den Rest vom Sauerteig, den ich - laut Rezept - mit Roggenmehl (habe mehr als genug zu Hause) „füttere" (so sagt man dazu in der „Fachsprache"). Dann muss ich warten, bis dieser „Vorteig" etwas gärt. Das funktioniert auch und ich vermische den Vorteig mit den restlichen Zutaten. Dann warte ich - wie in der Realität - ab, dass der Teig aufgeht (um ihn danach ins Rohr zu schieben). Er geht auch auf, und zwar ganz arg! Alles geht über. Ich ärgere mich aber nicht, sondern freue mich, dass der selbst angesetzte Sauerteig so „wirkt".

Normalerweise würde ich meine Cousine nach Assoziationen fragen und wie bestimmte Details des Traumes auf sie wirken, und es wäre ein langer Prozess, bis ich es wagte, einer Deutungsmöglichkeit auch zu vertrauen. So habe ich es von einem befreundeten, analytisch ausgebildeten Traumdeuter gelernt. Aber hier lagen die Dinge anders. Alles fügte sich sofort zusammen. Und ich erinnerte mich an die berühmten biblischen Träume, zum Beispiel an den von den sieben fetten und den sieben mageren Jahren, die auch eine Bildlichkeit aufweisen, die direkt verständlich ist. In solchen für die Allgemeinheit bestimmten Träumen geht es nicht nur um die persönliche Situation der Träumenden, sondern sie offenbaren einen Sinn, der das Kollektiv betrifft. Und offenkundig ist es auch, dass es Sinn macht, sie in diesem Gesamtzusammenhang zu „lesen". Die Themen des Hauses, des Schutzes, des Bedrohlichen, der Versorgung, des Brotes, des Hilfreichen, des etwas Dunklen und des Hellen durchziehen diese Träume meiner Cousine und verbinden sie. Die Bilder sind so sinnfällig, dass man sie lesen kann wie Poesie. Und so lese ich sie – ganz naiv. Und so, als hätte ein anonymes Subjekt sie geträumt, stellvertretend für uns alle!

1. Das Haus ist ein Bild des Schutzes. Wir brauchen diesen Schutz jetzt. Und – dieser Umstand setzt den wesentlichen atmosphärischen Akzent - es kommt Licht herein. Das Haus ist nicht isoliert und in sich abgeschlossen. Es ist nach der Seite des Gartens hin transparent und offen. Die Natur ist jetzt sehr wichtig für uns, der Traum weist darauf hin, dass wir uns jetzt daran erinnern müssen. Das Schöne an dieser uns versorgenden Natur ins Herz zu nehmen und ganz bewusst solche schönen Orte aufzusuchen und (neu) zu kultivieren. Ich habe von mehreren Seiten gehört, wie gut es in unserer jetzigen Situation ist, dass die Natur sich erholt und uns sehr helfen kann, die eigene Mitte wieder zu finden. Jeder kann sich

überlegen, was sein oder ihr „eigener Garten" sein könnte, welche anderen Lebewesen diesem Raum gemeinsam (aus)machen und was da wächst, was es da in Folge an Früchten zu ernten gibt. Jeder ist für sich aufgerufen, sich darum zu kümmern und solche hilfreichen Orte aufzusuchen.

2. Der zweite Traum zeigt eine fürsorgliche Seite, die etwas besorgt ist. Sie möchte etwas für jemand anderen tun, etwas besorgen. Das, was sie da von draußen bekommt, ist aber nicht wirklich brauchbar oder befriedigend. Entlastend ist da der Hinweis, dass die Träumende ja sowieso noch etwas bei sich zuhause hat – sie ist sich aber nicht sicher, ob es „brauchbar" ist. Sie hat sich offenbar schon länger nicht darum gekümmert. Der Keller könnte dafür stehen, dass sie es im Un- oder Halbbewussten abgelegt hat. Das heißt, sie muss nach unten gehen, um es zu finden, sie muss sich mit diesem Raum des Halb-Bewussten, Halb-Gewussten auseinandersetzen. Der Traum zeigt dieses als im Prinzip schon zugänglich, es muss nicht erst aus dem ganz Finsteren ausgegraben werden, denn nach einer Seite ist der Keller schon offen, luftig und nicht allzu dunkel. Es geht für uns darum, uns auch mal in diesen Keller zu begeben und uns dort umzusehen. Dort könnte dasjenige Brot zu finden sein, das jetzt (ge)brauchbar und genießbar ist.

3. Das schönste Element in diesem dritten Traum ist die Wendeltreppe, auch die Atmosphäre, die sie und den ganzen Traum umgibt. Es kann eigentlich nichts passieren, obwohl diese Wendeltreppe kein Geländer hat, also auch das prinzipiell Unsichere in sich aufgenommen hat. Der ganze Traum zeigt dieses gute, angenehme Licht, in dem man sich gerne aufhält, und es erwarten einen angenehme Aussichten, wenn man diese Treppe benutzt. Die Aussage des Traumes ist, dass man diesen guten Dingen jetzt vertrauen kann, trotz der Unsicherheit - eine schöne Prognose! Die Treppe führt nach oben, also auch ins Geistige und klar Bewusste, sie ist

nicht zu eng, nicht zu steil, man bekommt also keinen Drehwurm, vielmehr lädt sie dazu ein, Schritt für Schritt nach oben zu gehen, und am Weg hinauf finden sich etliche Dinge, die brauchbar sind. Das ist also ein Traum, der viel Zuversicht gibt. Man darf diese Treppe im eigenen Haus – oder auch im Haus einer nahestehenden Person – suchen und braucht gar keine Angst davor zu haben, nach oben zu wendeln oder – sich noch oben zu wandeln und zu verwandeln.

4. In allen vier Träumen dieser Traumserie spielt „das Alte" eine Rolle, zuerst sind es die alten Häuser – alt, aber nicht heruntergekommen, dann ist es der Kulturgarten nach alter Art, schließlich die alte Stadt. Die Träumerin kennt sich dort aus. Alt ist hier eine Qualität, die eben nicht für das Verbrauchte steht, sondern für eine wieder zu entdeckende Qualität, vielleicht auch ein ganzes Bündel von Qualitäten. Diese Stadt hat diese Qualität. Aber auch hier erinnert sie sich daran, dass sie ja selbst den Sauerteig zuhause hat. Und das ist nun sehr interessant: Er ist nicht schon fertig, sondern sie muss ihn „füttern", das heißt, sie muss noch etwas für ihn tun. Was sie dafür an Zutat braucht hat sie auch reichlich bei sich. Auch das Warten spielt für diese Prozedur der chemischen oder alchymischen Entfaltung eine Rolle. Und dann steht ein großer Erfolg bevor, eine schöne – *Wirk*lichkeit. Es geht sogar alles über, die Wirkkraft des selbst angesetzten Sauerteiges sprengt die Grenzen seines Behältnisses, überläuft sie. Und das freut die Träumende!

Die Traumserie zeigt einen Weg, der vielleicht für uns alle von Bedeutung ist: Der Weg in den Garten, in den Keller, über die Wendeltreppe hinauf in ein durchlichtetes Oben, schließlich zum schon vorhandenen Sauerteig, der nur noch abgemischt werden muss, und den man dann getrost *seine Arbeit tun lassen* kann. Mich berührt ganz besonders diese Mischung von Tun und Lassen. Diese

Träume, das Geschenk meiner Cousine, sind mir wie eine Leuchte in der gegenwärtigen Verunsicherung, die dazu einlädt, nicht passiv zu sein, die zu beschreitenden Wege zu beschreiten, dabei aber insgesamt ins Lichte und Leichte zu gehen. Gewiss, viele machen in dieser Zeit großen Stress durch, aus äußeren und inneren Gründen. Wir erleben Verluste und leiden, es wird uns einiges weggenommen und manche persönliche Perspektive ist bedroht oder bricht ein. Aber es gibt auch diesen Garten, diesen halboffenen Keller, diese Wendeltreppe und diesen Sauerteig.

2. Betroffenheit

*„Was ist anderes unser Metier, als Anlässe zur Veränderung rein
und groß und frei hinzustellen?"* (Rainer Maria Rilke)

Es kommt darauf an, wie man diese Geschichte von „Corona" erzählt. Ich möchte sie nicht nur als Geschichte der Bedrohung und
der Gefahr erzählen, wenn das auch als die Wahrheit der gegenwärtigen Situation erscheint. Es ist eine Geschichte voller Überra-
schungen – manche kommen erst noch auf uns zu. Und es ist eine
Geschichte, die viel von uns abverlangt, von jedem von uns. Letzten
Endes könnte es eine große Erfolgsgeschichte sein, ja sogar eine
Glücksgeschichte. Weil ich dieses Potential wahrnehme, schreibe
ich dieses Buch. Es steht viel am Spiel, und daher kommt es entscheidend darauf an, nicht nur wie wir – ich, Sie und viele andere –
uns verhalten, sondern es kommt auch darauf an, welche Geschichte von Corona wir erzählen.

Gibt es denn mehrere davon? Das Spiel ist offen, wir sind mitten
drin in dieser Geschichte. Sie wird gerade erst geschrieben - von mir
und von vielen anderen, letztlich von uns allen. Diese Geschichte
hat zumindest viele Seiten, und die Rollen darin sind ungleich verteilt. Ich habe mich auf einige dieser Seiten intensiv eingelassen, re-
cherchiert, mit vielen Menschen gesprochen und – da bin ich nicht
der einzige gewesen – mit mir selbst gerungen. Ich habe nach einer
Einordnung gesucht. Das Geschehen ist rasend schnell, schrieb ich,
wo gibt es da einen Punkt der Orientierung? Niemand weiß, was da
alles noch auf uns zukommt. Aber nun ist der Moment gekommen
für eine erste Sammlung. Ich schreibe dieses Buch, schrieb ich, für

Menschen, die in Ruhe nachdenken wollen, auch für diejenigen, die sich Sorgen machen, wohin uns diese Erfahrung bringen wird. Gewiss auch für alle, die sich fragen, was jetzt und in nächster Zukunft zu tun und was zu unterlassen ist, über die Hygiene- und Abstandsregeln, die wir schon beinahe inkorporiert haben, hinaus. Ich hoffe, dass viele den Wunsch nach einer Vision teilen, die nicht nur am Boden herumsucht, um dem einen oder anderen Loch auszuweichen, sondern die dazu einlädt, den rundum schweifenden Blick zu heben und den Mut hat zu einer Gesamtschau. Die den Wind genießt, der aus der nunmehr offeneren Zukunft auf uns zuweht.

Verschiedene Stimmen sollen zu Wort kommen, und ich will meine eigene nicht aussparen. Denn ich bin eine nicht zu reduzierende Variable in dieser Gleichung. Daher eine kurze Beschreibung meiner Lage: Ich bin Lehrer, Autor und Coach, aber meinen bisherigen Beruf des Unterrichtens habe ich vor einiger Zeit schon auf den Nagel gehängt. Ich schwebte schon vor Corona in der Luft zwischen einer alten Situation, die nicht mehr ist, und einer neuen, die noch nicht greifbar ist. Ehrlich gesagt betrachte ich es für mich persönlich als Geschenk, zu Hause sein zu dürfen und mich in selbstgesteuerter Tätigkeit auf das vorbereiten zu dürfen, was ich mir für meine berufliche Zukunft wünsche. Ich gehöre nicht zu den Unglücklichen, die es am Beginn einer Gründung erwischt oder in einem Moment, wo es dem Betrieb, in dem sie arbeiten, gerade ohnehin nicht gut ging und der keine Reserven hat. Plötzlich sitzen viele zu Hause, halb freiwillig die meisten, herausgerissen aus ihrem gewöhnlichen Kontinuum, aus der Routine des Kontakts mit Kollegen und Kolleginnen und all den anderen Zufallsbegegnungen mit Menschen, die überall da draußen ihren Pflichten und Zerstreuungen nachgingen. Die Situationen der Millionen Vereinzelten sind sehr unterschiedlich, manche sind dem neuen Auf-sich-Gestelltsein ausgesetzt, andere haben Mühe, sich überhaupt ausreichend abzugrenzen angesichts eines Partners, der immer da ist, oder im direkten Einflussgebiet des begrenzten Bewegungsdrangs der Kinder, die man nun den ganzen Tag betreuen soll. Wieder andere kommen kaum zur Ruhe und müssen sich schier zerreißen angesichts der Anforderungen ihrer plötzlich so allgemein sichtbar-notwendigen beruflichen Dienste, die sie gleich zweimal und dreimal benötigen würden. Und für einige wenige ist die Stunde gekommen, ihre Expertise unter Beweis zu stellen. Pensionist*inn*en vereinsamen in ihren Zimmern, die unbesucht bleiben. Sie müssen sich vor der Tür selbst abholen, was andere für sie hingestellt haben.

Ungefragt hatte ich allen versichert, dass es mir sehr gut mit der Situation gehe. Ja, es fehlt mir nichts, und ich mache guten Gebrauch von der Zeit, die nun noch deutlicher zur Verfügung steht, die Situation der Isolation kommt mir entgegen. Dann blickte ich in den Spiegel. Mir sah ein leidendes Gesicht entgegen, mit Augen, die sich in seiner irritierenden Blässe zurückgezogen zu haben schienen. Ich sah, dass mein Hautausschlag neues Gebiet erobert hatte. Ich dachte: Wie kann ich mit diesem Gesicht jemandem gegenübertreten? Ich musste mir selbst gegenüber zugeben, dass es mir gar nicht gut ging. Das gleiche Ergebnis hätte ein deutlicheres Wahrnehmen meines Körpers gebracht, der nach Berührung lechzte. Ich möchte diesen Moment des Erschreckens nicht mehr beiseite legen, schrieb ich. Gewiss war das nur ein Moment, der nicht die ganze Wahrheit meines Befindens enthält, und wenn es mir besser geht, wenn ich mich inspiriert fühle oder gerade meine Körperübungen gemacht, mit einem Freund oder einer Freundin telefoniert habe, blickt mir ein ganz anderes Gesicht entgegen - weil dann auch jemand anderer aus ihm blickt. Aber ich habe deutlich erkannt, schrieb ich, dass ich zuerst das Leid nicht zugeben, dass ich es beiseiteschieben wollte. Meines und wohl auch das meiner

Angehörigen und Freunde und Bekannten, und dass all der Menschen in schlimmen Situationen, von denen ich – abstrakt, bloß in Gedanken – immer irgendwo in einem Winkel meines Bewusstseins weiß, dass es existiert. Das Kürzel Corona steht für diesen Wust von Ereignissen der letzten Wochen, es steht für eine gewaltige Herausforderung des allgemeinen Produktionsgefüges, aber zunächst steht es für eine Leidensgeschichte. Der plötzliche Verlust betraf alle, und wir sind weiterhin ständig dabei, schrieb ich, uns damit zu beschäftigen, an der Oberfläche unseres Bewusstseins und in der Tiefe. Der Verlust ist allgemein spürbar, noch bevor ein nächster Mensch tatsächlich gestorben sein wird.

Es reicht, auf die Straße zu treten. Die kleinen Städtchen sind wie ausgestorben, und taucht doch irgendwo eine Gestalt auf, so wechselt sie in der Regel viele Meter vorab auf die andere Straßenseite. Es ist schon viel, wenn man den Kopf nacheinander wendet, schrieb ich. Der Philosoph Slavoj Zizek diagnostizierte bald das Auf-Distanz-Bleiben als die neue Form der zwischenmenschlichen Solidarität. Aber eine andere Frage ist, wie uns diese Form der Solidarität affiziert, also was sie mit unserem Bewusstsein, dem Gefühlsleben und den Körpern macht. In einer großen Stadt wie der meinigen ist das Bild ein wenig anders, zu gewissen Stunden ist die Frequenz der notwendigen Begegnungen unvermeidbar, ein paar Menschen sind fast immer unterwegs, außer spätabends, da leuchten dafür fast alle Fensterscheiben wie im anrührendsten Advent. Das Bewegungsbild hat sich geändert, denn man versucht in heimlich konzentrierter Anstrengung, die Wege sich nicht begegnen zu lassen. Ich habe bemerkt, dass mir dieses Ausweichen zusetzt und dass es mich depressiv macht – und dennoch wie ein ohne mein Zutun automatisiertes Programm meine Bewegungen steuert.

Die in den Leitmedien täglich wiederholte Losung, schrieb ich, hat alle erreicht: Weicht voreinander aus! Isoliert euch voneinander! Und hält – so gut es geht – Distanz! Das ist jetzt – leider – notwendig.

Das verursacht einen fein verteilten, aber chronischen Schmerz. Es gibt diejenigen, die sich ganz bewusst zulächeln oder komplizenhaft zuzwinkern. Das ist eine ganz besondere Kulturleistung. Die meisten tun so, als wäre es normal, sich nicht deutlicher anzublicken und den Blick offenzulassen für die Frage, ob man sich füreinander interessieren könnte. Das Aneinander-Vorbeihuschen und -Vorbeiblicken wird ostentativ, es drückt unüberhörbar aus, dass man sich verhält. Verhalten als ein allgemeines Zurückhalten wohlgemerkt, und auch in der möglichen gleichzeitigen inneren Beschäftigung mit den begegnenden Menschen will man jetzt auf Distanz bleiben. Sich nichts anmerken lassen. Es am besten nicht dazu kommen lassen, zu so einem Interesse – denn daraus könnte ja ein sozialer Impuls folgen, den man sich dann zu verkneifen hat... Genug! Sie wissen es ja selbst, schrieb ich: Man hat sich so zu verhalten, dass Kontaktvermeidung möglichst gewahrt wird. Das soziale Leben da draußen wird dadurch gleichsam abgehackt und mechanisch. Mag ja sein, dass andere Menschen andere Erfahrungen damit machen. Manche stört das vielleicht weniger. Aber es ist einfach nicht zu leugnen, dass man sich als Mensch in einem Feld von Menschen bewegt. Auch in weniger belasteten Zeiten ist es so, dass man ständig etwas davon mitbekommt, wie es den anderen geht, und es besteht normalerweise die Wahl, der sozialen Sensibilität oder soll ich sagen: Bedürftigkeit spontan Raum zu geben – so, dass sich etwa ein Pläuschchen oder ein Augenflirt ergibt – oder aber sich zeitweilig abzuhärten und abzuschotten. So hat der Mensch auch im dichten Gedränge die Wahl: Er ist sensibel für die einen, den anderen gegenüber legt er sich eine Hornhaut zu oder die Gewohnheit der spontanen Abwendung. Das ist wahrscheinlich sehr gesund so. Der soziale Kontaktraum ist nicht allgemein offen.

In Zeiten größeren Glücks oder Unglücks mag das etwas anders sein, da sucht sich dieses allgemein geteilt werden wollende Glück oder Unglück mit größerem Nachdruck seine Kanäle der Verbindung. Ist das Unglück oder das Glück kollektiv, gehen anfangs alle mehr in die Verbindung, eine Verbindung, die schließlich alle umfasst, einzelne müssten sich da schon sehr wehren, wollten sie sich dem immer noch absichtlich entziehen. Es ist, als ob der gemeinsame soziale Raum da unwiderstehlichere Ansprüche an den einzelnen stellen könnte. Das ist zum Beispiel so, wenn ein Land im Freudentaumel ist, weil seine Nationalmannschaft die Fußball-Weltmeisterschaft gewonnen hat. Oder wenn ein Krieg heraufzieht und die Entscheidung dafür definitiv gefallen ist, so dass nun allen klar sein *muss*, in welche Richtung der Zug der Zeit geht. Vielleicht ist es in diesem speziellen Fall anfangs nicht Glück oder Unglück, das alle mitzieht – obwohl der Beginn des Ersten Weltkriegs in vielen Ländern zuerst als große Erlösung gefeiert wurde und die Begeisterung darüber auch die meisten der sogenannten kritischen Geister mitzog – sondern es zieht hier ins Gemeinsame die große, alle und alles für lange Zeit betreffende *Entscheidung*. Aber was hat sich in unserer Zeit entschieden?

Wohl, dass wir uns darauf einschwören, alles zu tun und über uns ergehen zu lassen, was notwendig ist und sein wird, um die Ausbreitung des Virus einzudämmen. Das ist kein Feld des Jubels, sondern eines der verhängten Notwendigkeit.

Ganz egal, wie man über Corona denkt, und ob man die Maßnahmen für richtig hält oder für überzogen, kann man sich dem kollektiv erzeugten und täglich reproduzierten Feld nicht (oder nur mit bewusster Disziplin, davon später) entziehen. Die Frage, wie man sich als einzelner und einzelne dazu verhalten will, lasse ich zunächst beiseite, schrieb ich. Es geht jetzt mal nur um die Tatsache, dass wir uns in einem kollektiven Ausnahmezustand befinden – ausgelöst durch die drastischen Maßnahmen, die uns allen auferlegt sind, sowie durch die Verbindung mit dem Geahnten, was noch alles folgen könnte, und – auch darauf ist die Aufmerksamkeit vieler gebannt – durch den ominösen Virus selbst, über den man, obzwar in aller Munde, immer noch zu wenig weiß. Weit kommt er her, über Fledermäuse zu den Menschen in China, Italien bis zu uns nach... Der Ausnahmezustand teilt sich mit durch seine Gebote und Verbote, er teilt sich aber auch in der direkten Wahrnehmung des sozialen Raumes mit. Und dann wiederum in der Wahrnehmung des eigenen Körpers, der eigenen Stimmungen. Die verhängte Notwendigkeit bekam mich zu fassen. Wenigstens war das mein Eindruck, als ich in den ersten Tagen der Ausgangsbeschränkungen draußen in der Großstadt unterwegs war.

Ich wollte mich ja ausdrücklich nicht anstecken lassen durch irgendeine Panik, durch die Angst vor dem Virus, den ich für mich selbst für ziemlich ungefährlich hielt, durch enges Denken oder blinden Gehorsam. Der Moment des Erschreckens vor dem Spiegel – wie ich selbst da als *Schauergestalt* sichtbar wurde – hatte mir jedoch in Erinnerung gerufen, was ich im Aneinander-Vorbeigehen da draußen ständig niederschwellig wahrgenommen hatte: einen feinen Schmerz und noch etwas, das sich wie ein grauer Schleier anfühlte, der sich über alles legte, und darunter vielleicht auch noch meine frustrierte Sehnsucht nach Kontakt und Begegnung. Wir befinden uns im Ausnahmezustand und das bedeutet: in einer gemeinsamen Erfahrung. Selbst wenn nicht alle das genau Gleiche durchmachen, so ist es doch eine gemeinsame Erfahrung, die wir mit dem Namen „Corona" verbinden.

Das „wir“ und „alle“ erfährt eine globale Erweiterung: Beinahe jedes Land ist – wenn auch nicht gleichzeitig – betroffen. Diesmal handelt es sich mehr oder weniger um eine gemeinsame Erfahrung der Menschheit. Sie ist durch die Drastik der Eingriffe sicher stärker als die Ereignisse 9/11 oder Finanzkrise 2008, wir müssten wohl bis zu der Daueranspannung durch den Kalten Krieg und sein Zerstörungspotential zurückgehen, um eine kollektive Erfahrung mit ähnlicher Prägekraft anzutreffen. Ich vermute, dass die Auswirkungen dieser neuen Erfahrung tief und länger anhaltend sein werden. Ob ich diese Aussicht für schlecht oder für gut halten möchte, davon später. Zuerst will ich mich auf das Neue des gegenwärtigen Augenblicks beziehen.

Im Rückblick muss ich zugeben: Mein langes Ausweichenwollen vor dem direktem Betroffensein war typisch für mich gewesen. Ich bin ein Intellektueller, mein Denken hat mir immer Schutz und Zuflucht gewährt. Meine Art von Illusion ist der Glaube, dass ich vor etwas geschützt bin, wenn ich es nur in mein Bewusstsein nehmen, analysieren und betrachten kann. Aber das ist eine Täuschung. In Wirklichkeit halte ich mich fern von der Welt und von den anderen, wenn ich die Möglichkeit des Kontakts - der Kontamination - auf den Raum des Betrachtens beschränkt sehen möchte.

Psycholog*innen haben herausgefunden, dass die Verarbeitung von großen Verlusten in mehreren Phasen verläuft. Die erste Phase ist die der Verleugnung, des Nicht-wahrhaben-Wollens. Der Mensch im ersten Betroffensein leugnet den Verlust schlichtweg. Erst in einer zweiten Phase kommt es zu teils heftigen emotionalen Reaktionen. Danach setzt in Phase drei die intensive Trauer ein, vorausgesetzt es gelingt, die Hoffnungslosigkeit der Depression zu vermeiden, die durch ein Nicht-Loslassen-Wollen oder -Können verursacht ist. Erst durch den Durchgang durch diese Phasen wird

Platz geschaffen für etwas Neues. Das mag ein wenig schematisch sein, aber es ist doch eine sehr brauchbare Orientierungshilfe.

Wie drücken wir unsere starken Emotionen denn aus? Welche *Ausdrucksmittel* stehen uns uns dafür in einer Zeit der sozialen Distanzierung überhaupt zur Verfügung? Oder ist es so, dass viele sich die Trauer aufsparen, so lange es geht, weil sie ja inständig hoffen, dass die Zeit der Beschränkungen bald vorüber sein wird?

Es wird naturgemäß so sein, dass nicht alle sich gleichzeitig auf derselben Stufe der Verarbeitung befinden. Die Trauer muss außerdem nicht so massiv ausfallen, wie es nach dem Verlust einer geliebten Person der Fall ist. Für mich fühlt es sich richtig an, der Realität des Verlustes Raum zu geben. Das tut mir gut. Vielleicht brauchen wir demnächst auch kollektive Rituale dafür. Wir haben vieles aufgeben müssen, auch wenn es sich um einen momentanen – in diesem langen, langen Moment des Ausnahmezustandes – Verlust handeln mag. Die Trauer bezieht auch die Toten, die irgendwie zu gemeinsamen Toten werden, mit ein. Dann die vielen Gewohnheiten, denen jetzt nicht mehr gefolgt werden kann. Die Kontakte mit vielen anderen und sogar mit geliebten Nächsten. Den Verlust von Freiräumen, von freier Bewegung, von Spontaneität. Für viele den drohenden oder eingetroffenen Verlust ihres Arbeitsplatzes, sowie den Verlust von wirtschaftlichem Spielraum jetzt und in der Zukunft. Wir verlieren eine Illusion von Sicherheit. Die Unternehmen, die dicht machen müssen. Und – für manche – den Verlust einer selbstverständlichen Zutraulichkeit dem Leben gegenüber. Diese Verluste realisieren wir jetzt nach und nach. Wir sind gerade erst dabei, schrieb ich, erste Wege zu suchen, wie wir damit umgehen können. Wir sind dabei erstaunlich erfinderisch. Auch die überraschende Kreativität ist ein Teil der momentanen kollektiven Erfahrung.

Kurz nach dem Erschrecken darüber, dass ich an der Situation des Ausnahmezustandes litt, obwohl meine Situation insgesamt angenehm ist, ergab sich die Gelegenheit, ein Treffen mit eine kleinen Gruppe von Männern, das sonst immer in einem feierlichen rituellen Rahmen stattgefunden hatte, in den digitalen Raum zu verlagern. Einer von uns ist seit längerer Zeit in Thailand, wo er jetzt coronabedingt festsitzt, der konnte nun tatsächlich auch mit dabei sein. Am Anfang des ungewohnten „Treffens", als jeder kurz erzählte, was es Neues gab und worüber er sich gerne mit den anderen austauschen würde, winkten die meisten das Corona-Thema ab. Keiner von uns war persönlich beängstigt. Trotzdem wurde es zum Kern unserer Berichte aus dem eigenen Leben, um den alles kreiste. Wir sprachen auch darüber, was wir uns für diese Zeit besonders wünschten, für uns selbst, aber auch für alle anderen, für die Welt, die wir zusammen bewohnen. Ich glaube, alle waren überrascht, wie tief dieses Mitteilen uns berührte, obwohl wir uns diesmal nur mit Hilfe dieses technischen Mediums, als Bildchen am Bildschirm mit Ton begegneten. Der Austausch fühlte sich erstaunlicherweise real wie immer an. Für mich war er sehr intensiv. Ich vergesse nicht, wie berührt und erleichtert ich nach dem Treffen war, wo ich erstmals davon gesprochen hatte, dass ich litt und darüber erschrocken war. Obwohl wir uns nicht physisch begegnen konnten, nicht miteinander tanzen und uns nicht umarmen, war es ein physisch äußerst starkes Erlebnis für mich. Mein Brustraum fühlte sich so lebendig an und schien in ungewöhnlicher Ausweitung zu strahlen.

3. Überstürzung

„Was sich ins Bleiben verschließt, schon ists das Erstarrte; wähnt es sich sicher im Schutz..." (Rainer Maria Rilke)

Einige Dinge erstaunen mich in der Beobachtung der Ereignisse. Wie sich alles überstürzte. Zuerst war es eine ferne Szene, ein Geschehen in China, um das viel medialen Wirbel gemacht wurde, und nichts in mir rechnete im Ernst damit, dass es auch uns erreichen würde, das gebe ich zu. Das ist im Nachhinein gesehen schon seltsam, diese meine Naivität. Und dann ging es Schlag auf Schlag. Auch Italien schien irgendwie noch fern zu sein. Ich weiß, dass andere da anders reagierten, aber ich als gelernter Stoiker halte mir Sorgen normalerweise so gut es geht vom Leib. Solange etwas nicht bei mir angekommen ist, geht das ganz gut. Ist nicht der lasche Umgang mit der seit Jahrzehnten bekannten megalomanischen Bedrohung durch den Klimawandel der beste Beweis dafür, dass ich sicher nicht der einzige bin, der sich lieber nicht zu schnell von etwas ergreifen lässt, was dann möglicherweise mit sehr weitreichende Eingriffen in mein Sein und Handeln verbunden ist? Das Überstürzende der Ereignisse geht derweil weiter, schrieb ich, ein Sturzbach an Nachrichten folgt dem nächsten.

Auf dem zweiten Blick sehe ich, dass ich auch deshalb keine Bedrohung wahrnehmen wollte und kein Bedrohungsgefühl an mich heranließ, weil ich den Corona-Virus insgeheim als einen – vielleicht etwas aggressiveren – Grippeverwandten einordnete. Also in die Nachbarschaft zu etwas gut Bekanntem brachte. Vor der Grippe habe ich persönlich keine Angst – wieso dann vor Covid-19? Es war auch von Anfang an klar, dass der irreduzible Teil des Presse- und Nachrichtenwesens, der von der Sensation und vom schön-schrecklichen Schauer lebt, von drastischen Bildern, dicken Lettern und fetten Rufzeichen, von Bedrohung und überhaupt von furchtbaren Dingen, da sein Fressen gefunden hatte. *„Der Virus ist das Beste, was uns passieren konnte"*, habe ich von dieser Seite raunen gehört. Aber dieser Art von Sensations-Erregung, so sehr ich sie auch nebenbei ständig mit zur Kenntnis nehme, weil sie ja ein Teil unserer Welt ist, wollte ich keinen Raum in mir geben.

Es stellt sich ja immer grundlegend die Frage: Wovon lassen wir uns wie stark beeinflussen? Nein, bitte, diese Frage wird kaum gestellt. Oder nur am Rande. Dabei gilt sie insbesondere auch für die politischen Entscheider, die in solchen Zeiten Durchgriffsrechte zugestanden bekommen, von denen sie sonst nur träumen können.

Es könnte gut sein, dachte ich, dass es vielen Akteuren an verantwortlichen Stellen ein wenig so ging wie mir: Wie ein abgelenktes, überfordertes oder zerstreutes Immunsystem verschliefen sie den guten frühen Zeitpunkt für konsequentes Handeln. Und damit ging entscheidend wertvolle Zeit verloren, wie wir heute wissen. Für die nun beobachtbare Art der viralen Ausbreitungslogik fehlte uns weitgehend die Erfahrung. SARS-erfahrene Länder wie Taiwan und Südkorea hatten schneller und offenbar auch strategisch durchdacht reagiert.

Es gibt manchmal einen wie ausgehängten Zeitraum, wo man den Grad einer Gefahr noch nicht gut einschätzen kann. Das ist nur natürlich, wenn wir von den Voraussetzungen eines handlungsoffenen Wesens wie des Menschen ausgehen, das nur in sehr geringem Ausmaß mit fertigen Reiz-Reaktions-Handlungsketten ausgestattet ist.

Welcher Art von Nachrichten will man außerdem Glauben schenken, ich wiederhole diese Frage gleich noch einmal. Wir sind misstrauisch geworden, nicht allem, was irgendwo in die Welt gesetzt wird, unseren vollen Glauben zu schenken. Angekündigte Ereignisse finden nicht statt. Wie war es mit der angeblichen Riesenbedrohung durch die Schweinegrippe 2009 gewesen? Weltweit hatten Regierungen auf Anraten der WHO, die die höchste Sicherheitsstufe einer Pandemie ausgerufen hatte, ins Volle gegriffen und riesige Mengen an Impfstoff gekauft, mit dem Ergebnis, dass diese Hekatomben an Serum teuer entsorgt werden mussten, weil das Schreckensszenario in sich zusammengefallen war wie ein Kartenhaus[3]. Mexiko, von dem die Schweinegrippe ihren Ausgang genommen hatte und wo die Bevölkerung mit Gesichtsmasken herumlief, so wie wir heute, revidierte seine Zahlen im Nachhinein nach unten.

Während ich noch solches im Kopf hatte, überstürzten sich die Ereignisse, überschlugen sich die Nachrichten und wurde mir langsam klar, dass mich und uns etwas erreicht hatte, das irgendwie mit den Bildern, die ich vorher nur von außen gesehen hatte, in Verbindung stand. Wie soll ich das Missverhältnis, das mich jetzt beunruhigt, beschreiben? Ich hatte gewusst, dass der Virus irgendwann auch „bei uns" ankommen würde – aber gerechnet damit hatte ich nicht. Vielleicht ist das bei allen drastischen, die Verhältnisse verschiebenden Ereignissen so: Man weiß, dass man einmal sterben wird. Aber wer rechnet mit dem eigenen Tod und nimmt ihn von Tag zu Tag ernst?

Der Nachteil einer verallgemeinerten medienkritischen Schutzhaltung könnte, wie für den Fall des langen Nicht-Ernstnehmens

---

3 S. die *Arte*-Doku *„Profiteure der Angst. Das Geschäft mit der Schweinegrippe 2009"*

der Herausforderung Klima-Wandel bereits angedeutet, sein, dass man Zeiten an sich vorübergehen lässt - in der *mentalen Isolation* verharrend - die eigentlich Handlungsfenster hätten gewesen sein können, das allmähliche Kippen des Schlimmen in Noch-Schlimmeres zu verhindern.

In so einer Welt leben wir, oder etwa nicht?

Das *Leugnen* und Nicht-Handeln geht eine Zeit lang gut: Da ist eine hypothetische, von manchen in schrillen Farben gezeichnete Bedrohung. Man mag und kann es nicht glauben. Bevor es wirklich da ist. Immer wieder konnte das jetzt mit Corona beobachtet werden. Wir sahen das an der Reaktion der Politik unserer Länder, oder an der Englands, der USA. Etwas mit der Wahrnehmung scheint da aus dem Ruder gelaufen zu sein. Oder mit den Entscheidungsstrukturen. Und schon ist der Zeitpunkt der Rechtzeitigkeit vorüber. Ich stelle hier vorläufige Überlegungen an, aber mit diesem Thema sollten wir uns beschäftigen.

Eigentlich läuft das mit dem Nicht-Handeln seit mindestens 20, 30 Jahren so. Oder war es schon immer so? Immer wieder reibe ich mir die Augen und frage mich: Wo bleibt die Vernunft? Wo bleibt das richtige, das den Herausforderungen angemessene Handeln? Warum handeln wir nicht, warum zögern wir das entschiedene Handeln so lange hinaus?

Was den Virus betrifft, der durch seine Geschwindigkeit und Verbreitungsdynamik wenig Zeit lässt zum Nachdenken, so ist in Wirklichkeit die Frage noch nicht endgültig beantwortet, was ein vernünftiger Umgang mit dieser Bedrohung ist bzw. gewesen wäre. Wir waren und sind da auf Mutmaßungen angewiesen. Wir werden ja übrigens auch nicht gefragt, aber die Regierenden handeln jetzt. Es ist gut möglich, dass die von Corona betroffenen Länder mit ihrer nachholenden oder vorgreifenden Drastik der Maßnahmen einen Weg eingeschlagen haben, der nicht nachhaltig ist und größeren Schaden anrichtet, als er zu vermeiden bemüht ist. Diese Frage soll in den folgenden Kapiteln etwas beleuchtet werden.

4. Tragweite

„Der große Tod, den jeder in sich hat, das ist die Frucht, um die sich alles dreht." (Rainer Maria Rilke)

Warum hat die Corona-Geschichte binnen Kürze eine dermaßen große, globale und dann wieder nationale, regionale, lokale, häusliche, ins Privateste eingreifende Tragweite bekommen? Die Antwort, dass Corona sehr viele Todesopfer fordern wird, und noch viel, viel mehr, wenn wir nicht bereit wären, extreme Maßnahmen zu ergreifen und über uns ergehen zu lassen, ist triftig, schrieb ich. Nur, sie umfasst noch nicht alles, bei weitem nicht alles, um zu verstehen, wie es zu der Situation gekommen ist, in der wir uns befinden. Es ist nicht nur das äußere Ereignis, der äußere Auslöser. Die Art unserer Reaktion, also der Maßnahmen geht hervor aus Vorstellungen davon, was „um jeden Preis" – oder um fast jeden Preis – vermieden werden soll und was – in diesem sanitären Ausnahmezustand – erhofft wird. Auch die Vorstellungen und Vorentscheidungen über „die richtigen Mittel" fließen da hinein. Wir schreiben die Situation dem Virus zu, aber wir müssen sie genau so sehr uns selbst zuschreiben. Darüber besteht kein ausreichend klares Bewusstsein, weil diese Voraussetzung teils für selbstverständlich gehalten werden und teils „außer Frage" gestellt werden. Ohne dieses Bewusstsein des eigenen Anteils verstehen wir aber unsere eigenen Motive nicht. Wir stellen uns ihnen nicht, wir befragen sie nicht. Wir erlauben uns keine Aufklärung über uns selbst. Dieser Spur möchte ich nachgehen.

Die Ökonomen Margit Osterloh und Bruno Frey schrieben in einem Gastkommentar für die *NZZ* unter dem Titel „*Coronavirus: Vergleiche sind wichtig*"[4]: „[In dem Aufruhr um die Corona-Bedrohung] *muss* [unsere jetzige Situation] *insbesondere mit „normalen" Grippewellen verglichen werden. Die Medien sollten die beinahe stündlichen neuen Corona-Meldungen nicht ohne entsprechende Vergleiche mit den Todesfällen bei früheren Epidemien veröffentlichen. Sie sollten vergleichend auf unnötige Todesfälle durch den Straßenverkehr oder ungesunde Lebensweise hinweisen. Solche Zahlen entlasten Politiker, die derzeit unter Druck stehen, ihre Tatkraft beweisen zu müssen. Stattdessen sollte es ihre erste Pflicht sein, durch Vergleiche Angst zu reduzieren und Panik zu vermeiden.*"

Sehr zutreffend ist der Hinweis, dass die schieren Zahlen, die quasi stündlich ticken – als wären sie unser neue Uhr, eine Infizierten- und Todesuhr – uns alle enorm unter Druck setzen, zuvorderst die politischen Entscheidungsträger, die unter dem öffentlichen Druck stehen, ständig beweisen zu müssen, dass sie schnell genug das Richtige tun. Was sie extrem abhängig von den Experten in ihrem Umfeld macht. Die Entscheidungen und Verlautbarungen der Regierenden werden ihrerseits im Stunden- und Tagestakt, schrieb ich, nach außen getragen. Und wiederum so viele Menschen hängen jetzt täglich an den Nachrichten, wie der Kranke am Tropf. Oder wie der Süchtige, der sich seine Dosis verpasst, damit er den kleinen Putsch bekommt, mit dem er den nächsten halben Tag überstehen kann.

Die beiden Ökonomen weisen in diesem mir so selbstverständlichen erscheinenden Statement darauf hin, dass es angebracht wäre, andere Zahlen als Vergleichsmaterial heranzuziehen, die die katastrophenartige Tragweite der großen Corona-Bedrohung

---

4 Neue Zürcher Zeitung, 12.03.2020

relativieren würden. Deutlich ist zum Beispiel, dass die saisonalen Grippewellen in bestimmten Schwankungsbreiten jedes Jahr sehr viele Menschenleben fordern[5], um die normalerweise aber kein besonderes Aufheben gemacht wird. Warum ist das so? Es gibt eine ganze Menge anderer bekannter krankmachender Missstände, die regelmäßig enorm viele Tode verursachen, sehr viele davon wären durchaus vermeidbar. Ein konkretes Beispiel: Die bakterielle Ruhr verursacht nach konservativen Schätzungen 100.000 Tote jährlich. Oder der massive Fleischkonsum, der ist nach neueren Studien für eine große Anzahl vorzeitiger Tode verantwortlich, nur wird er als Ursache selten benannt – man spricht dann eben von natürlichem Altersverschleiß des Körpers. Es ist nur naheliegend, wenn Ökonom*innen und Gesundheitswissenschaftler*innen die Frage stellen: Warum ist ein verhinderter Corona-Toter so viel mehr an Aufwand wert? Nämlich so viel Aufwand, dass vor unserer Ausnahme-Situation kaum vorstellbare Maßnahmen, um deren Anzahl zu begrenzen, nun fast allen Menschen gerechtfertigt oder außer jeder Frage stehend scheinen? Maßnahmen mit - vor allem ökonomisch und politisch – noch ganz unabsehbaren Folgen? Man wird prüfen müssen, ob dieses unser Verhalten überhaupt noch rational ist. Erstaunlicherweise sind solche relativierenden Stellungnahmen kaum zu vernehmen.

Was ins Gewicht fällt ist natürlich die Angst vor der Pandemie. Hat man nicht so viele Jahre schon gewarnt, dass ein solcher Ernstfall einmal eintreten würde? Hat man nicht weltweite Aktionspläne dafür ausgearbeitet, die schon vorhanden waren in den Schubladen respektive Computern der WHO, der nationalen

---

5   An der Grippe und ihren Folgeerkrankungen sterben nach neuesten Schätzungen *„zwischen 290.000 und 650.000 Menschen"* pro Jahr. S. dafür: *„Weltweit bis zu 650.000 Influenza-Todesopfer pro Jahr"* auf der Seite der Medizinischen Universität Wien.

Gesundheitsbehörden und Ministerien? Haben nicht Abermillionen Menschen in Katastrophenfilmen des Subgenres „die tödliche Seuche" sich die unheimliche Dynamik und Dramatik pandemischer Entwicklungen vor Augen führen lassen? Eine Pandemie, das wusste man, ist ein Ereignis, das nicht mehr zu stoppen ist, wenn es einmal – ausgehend von einem Index-Patienten 0 – über die Patient*innen 10, 100 und 1000 hinaus ins Rollen gekommen ist. Wenn es erst einmal erste eilig aufgestellte Sicherheitsschranken – die halten nicht, man kennt das aus dem Filmen - überwunden hat. Die wörtliche Bedeutung von „Pandemie" ist ja: Dasjenige, was den ganzen *demos*, das „ganze Volk" betrifft. Es liegt in dieser maximalen Ausbreitungsphase einer Krankheit eine fortgesetzte Mensch-zu-Mensch-Übertragung vor. Eine Pandemie ist gewissermaßen ein Schlag aufs Ganze, ausgeführt von kleinen Wirkeinheiten, die unsichtbar sind. Also ist eine Pandemie eine Herausforderung, die „das Ganze" oder „alle" erschüttert und herausfordert. Vor allem die aktuelle Pandemie geht einher mit einer großen Geschwindigkeit, Überraschungsfähigkeit und Ausbreitungslogik. In dieser Art ist sie für die meisten heute lebenden Zeitgenoss*innen etwas Neues, Unerhörtes. Neu, wie gesagt, obwohl es diese Vorbereitungen der Gesundheitsbehörden und die Auseinandersetzung im Medium der Fiktion und der Unterhaltungsindustrie gab. Wenn dich etwas *trifft*, geht es unter die Haut. Das kannst du nicht verhindern. Wenn es plötzlich an der Haustür klopft, kannst du nicht schnell den Kanal wechseln. Hier ist ein Naturereignis im Spiel, das uns Menschen gegenüber die Frage aufwirft: „Na, könnt ihr euch vor mir schützen?"

Diese gemeine, auf jeden Fall herausfordernde Frage ist so gestellt, dass man sie nicht einfach vom Tisch wischen oder auf morgen vertagen kann. Ihre Dringlichkeit – von den dazugehörigen Bildern später – scheint eine gewisse Panik und sich verallgemeinernde, in viele Kammern und Zellen dringende Angst zu rechtfertigen. Wenn man nun die konkrete negative Todespoesie der täglich wachsenden Kolonnen von Zahlen dazu addiert, Dosis zwei bis dreimal täglich auditiv + visuell, schrieb ich, so wird das sehr viele Menschen in einen Dauerzustand verallgemeinerter Angst führen und dort festhalten - wenigstens so lange, bis Abstumpfung einsetzt. Und zwar auch dann, wenn sie selbst und ihre Nächsten noch nicht persönlich betroffen sind. Man weiß durch die Informationen, die man bekommen hat, dass der Virus bereits in der Nähe sein muss und trotz großer Anstrengungen kaum aufzuhalten sein wird. Es kann sogar sein, dass man ihn bereits in sich trägt und dadurch zu einer potentiell tödlichen Gefahrenquelle für andere wird.

Nun ist es erstaunlich zu erfahren, wie die Menschen und Regierungen im 20. Jahrhundert mit Pandemien umgegangen sind. Zum Beispiel mit der Spanischen Grippe (1918 – 20) oder mit der Asiatischen Grippe (1957/58). Es lohnt sich, da einen Blick drauf zu werfen. Die Spanische Grippe hat mehr Tote gefordert als der Erste Weltkrieg. Den 17 – 20 Millionen Kriegstote stehen etwa 27 - 50 Millionen[6] Opfer der Spanischen Grippe gegenüber. Die Regierungen haben sich damals mit dem Thema offenbar kaum beschäftigt. Man kann das zum einen auf die Nähe des Krieges zurückführen, der alle und alles ausgelaugt hatte. Das Elend war längst allgemein geworden, selbstverständlicher als das Glück, noch einmal entkommen zu sein. Die Zahl der Opfer war auch ohne die Grippe bereits

---

6   Die Schätzungen variieren stark. Man geht in der Wissenschaft davon aus, dass etw. 30 – 50% der Europäer*innen an dieser Grippe erkrankten – die Durchseuchung war am Ende also hoch. Die Sterblichkeitsrate lag durchschnittlich bei 1 – 2%. Insgesamt gab es doch eine große regionale Varianz. In Deutschland starben +300.000 Menschen, am indischen Subkontinent, den es besonders hart traf, 10 bis 20 Millionen. Die Zahlen entnehme ich dem Vortrag von Dr. Witte, s. Anm. 6

furchtbar, und es gab im übrigen andere Themen, die für das Überleben der Gesellschaften und ihren Wiederaufbau wichtiger waren. Die, die es nicht erwischte, hatten Glück, die es erwischte Pech. Sozusagen Unglück im Glück (des Kriegsendes). Ein weiterer Grund der Nichtbeachtung liegt darin, dass es gar keine probaten Mittel gegen die Krankheit gab, deren Ursache die Medizin auch nicht dingfest machen konnte. Viren als biologische Wirkgrößen waren noch gar nicht bekannt. Es musste einfach hingenommen werden, dass diese schlimme Grippe – als Verursacher vermutete man einen Bazillus, gegen den man machtlos war - wütete und ihre Opfer forderte. Man konnte keinen medizinisch-pharmazeutischen Apparat anwerfen in der Hoffnung, dieser werde nach Halbjahren des bangen Wartens ein wirksames Mittel liefern. Drittens hätte es in dieser Zeit, wo vieles zerstört war, wo in manchen Regionen noch die bitterste Not des Nachkriegs herrschte, schlichtweg die finanziellen Mittel dafür nicht gegeben.

Demnach taucht diese Todeswelle, die eigentlich aus drei Wellen bestand, deren mittlere bei weitem am meisten Opfer forderte, in den Medien der Zeit nur am Rande auf. Am häufigsten in Todesanzeigen, ohne dass der Grund des frühen Dahinscheidens dieses Mannes oder dieser Frau in ihren besten Jahren explizit genannt werden musste. Man wusste Bescheid. In Deutschland gab es zwar einen Bericht des Militärs aus der Zeit der vergleichsweise harmlosen ersten Welle, zur zweiten aber gar nichts. Man schwieg also. Diese öffentliche Nichtzurkenntnisnahme geht so weit, dass die Epidemie im späteren Verlauf des Jahrhunderts weitgehend vergessen war. Details und Zahlen mussten später, vor allem in der 1990er Jahren, in akribischer Arbeit rekonstruiert werden, so dass man von einer „erfundenen Erinnerung" sprechen kann.[7]

---

7 Vgl. den sehr detaillierten und materialreichen Vortrag des
   Medizinhistorikers Dr. Wilfried Witte vor der Akademie der Wissenschaften

Aber wie verhält es sich mit der Asiatischen Grippe, die 1957 mitten in die Zeit des Wirtschaftswunders fiel, also in eine Zeit, als die finanzielle Potenz und der Zukunftsoptimismus deutlich gewachsen waren, und mit der Hong-Kong-Grippe etwa ein Jahrzehnt später? Da lagen Grippe-Vakzine bereits vor, der Krieg lange genug zurück und Finanzmittel waren auch wieder verfügbar.

Um einen fundierten Eindruck über den Umgang mit dieser Epidemie in Deutschland zu geben, möchte ich ein paar Stellen aus einer Arbeit des Medizinhistorikers Witte zitieren, der über dieses Thema geforscht hat.[8] *„Weltweit starben an der Asiatischen Grippe ungefähr zwei Millionen Menschen, in den USA 69.800. Laut Weltgesundheitsorganisation erkrankten bis Anfang Februar 1958 weltweit 400 Millionen Menschen an der Grippe in der Saison 1957/58. Die Asiatische Grippe war die erste virologisch definierte Grippe-Pandemie.“* Diesmal war also klar, womit man es zu tun hatte: Mit einem Virus. Ein wesentlicher Unterschied zur heutigen Situation ist wiederum, dass *„die große Zahl der Betroffenen in der öffentlichen Wahrnehmung nicht oder nur diffus präsent* (war). *(...) Insofern darüber* [d.i. die öffentliche Gesundheitssituation] *verhandelt wurde, geschah dies im Wesentlichen in einem internen Expertendiskurs.“* Diesmal gab es also eine intensivere Beschäftigung mit dem Thema, aber diese blieb weitgehend „intern“. Das ist nun wohl der Hauptunterschied zur heutigen pandemischen Situation, in der die Regierungen viel mehr unter Legitimierungsdruck stehen und eine höhere Erwartung der Öffentlichkeit besteht, informiert zu werden.

---

zu Hamburg, dessen Mitschnitt im Netz zu finden ist: *„Nur die Spanische Grippe? Grundzüge der Grippe-Geschichte im 20. Jahrhundert“*

8   Wilfried Witte, *„Pandemie ohne Drama. Die Grippeschutzimpfung zur Zeit der Asiatischen Pandemie in Deutschland“*, Medizinhistorisches Journal, Bd. 48, H. 1 (2013), S. 34 - 66

Nun, es gibt weitere Unterschiede: So bestand mit Ausnahme Bayerns keine Meldepflicht für Grippe-Erkrankte. Die Zahlen müssen wiederum mühsam rekonstruiert werden. *„Geschätzt erkrankten während der Pandemie in der BRD 40% der Bevölkerung."* Insgesamt darf man bei dieser Grippe einen Letalitätsanteil von etwa einem halben Promille, also eine*r von 2000 Erkrankten starben. Das ist doch eine sehr deutlich geringere Größenordnung als im Fall von Covid-19[9]. Aber wie hoch liegt diese? Zwar verfügen wir heute für die aktuelle Epidemie über viel mehr Zahlenmaterial, dessen Auslegung – ich komme darauf noch näher zu sprechen – steht aber auf schwankendem Boden. Tatsache ist, schrieb ich, der März hatte etwa seine Mitte erreicht, dass wir aktuell über keine sicheren Sterblichkeitsraten verfügen, da diese vom Gesamtsystem der Bevölkerung mitsamt den Infektionen abhängen, die unerkannt verlaufen, von der Anzahl der Testungen und der Auswahl von Personengruppen, die überhaupt getestet werden, sowie der Qualität des Testmaterials und des jeweiligen Gesundheitssystems. Auch heute ist somit die Basis für sanitätspolitische Entscheidungen äußerst schwankend und ungewiss. Die entscheidenden Instanzen sind auf Mutmaßungen oder vorläufige Dateninterpretationen angewiesen.

Den zweiten Hauptunterschied der Situation 1957/58 und 2020/ff? hätte ich fast vergessen, er folgt aus dem bisher Gesagten: 57/58 gab es kaum akkordierte und propagierte öffentliche Maßnahmen zur Eindämmung.

Und wie verhält es sich mit den Schutzimpfungen, die es im Fall von Grippe doch gab? Auch in den USA, die in dieser Hinsicht medizinisch voraus waren, ließen sich 57/58 kaum Menschen impfen, obwohl es Impfungen gab und diese auch propagiert wurden. In der

---

9 Das entspricht hochgerechnet ungefähr den 100.000 – 200.000 Toten, die Präsident Trump Mitte März 2020 als voraussichtlich zu erwartende Opferzahl in den USA nannte. *„Wenn alles gut geht"* und unter Einhaltung teils drastischer Maßnahmen.

BRD hingegen: *„Fast niemand schien überzeugt zu sein von der Sinnhaftigkeit der Schutzimpfung. (…) Die Experten konnten sich nicht mehrheitlich zur Impfempfehlung durchringen, die Bevölkerung konnte der Pandemie keine Dramatik abgewinnen und versagte sich der Impfung. (…) Das Potential zum Skandal hatte die Asiatische Grippe in der Bundesrepublik und West-Berlin auch nicht wegen ihrer Ausbreitung oder Schwere, sondern durch ihren Umgang mit ihr durch die Beschäftigten großer Betriebe. Der tatsächliche oder unterstellte massenhafte Ausfall von Arbeitskräften in Industriebetrieben, der als systemrelevant galt, wurde als Sand im Getriebe des „Wirtschaftswunders" der Bundesrepublik gewertet – das stellte allerdings einen Skandal dar."* Mit anderen Worten: Als skandalös und gefährlich für das allgemeine Wohlergehen wurde es betrachtet, wenn Arbeiter*innen aus Angst vor der Grippe zuhause blieben.

Dem Systemkonkurrenten DDR standen politische Befugnisse zur Verfügung, um dem Entstehen größerer Besorgnis aktiv entgegenzuwirken: *„Eine gewisse Verunsicherung machte sich in der Bevölkerung breit. Dementsprechend erteilte die Leitung Gesundheitswesen beim Magistrat der Presse die Weisung, entsprechende Meldungen nicht mehr auf der ersten Seite zu drucken."* Ganz offensichtlich ist ein solcher Umgang mit dem Kommunikationswesen heutzutage nicht einmal mehr in China möglich.

Im großen und ganzen geht aus der Studie über den damaligen Umgang mit der Pandemie hervor, dass die Asiatische Grippe trotz der relativ hohen Todeszahlen in der öffentlichen Wahrnehmung stets den Rang einer *alltäglichen* Krankheit behielt, der keine besondere Dramatik zugewiesen wurde - bis auf den lästigen Effekt, dass sie die Wirtschaft störe. Ein nicht unwesentlicher Faktor ist, dass man sich auch noch 57/58 über den Einsatz einer Impfung als hilfreiches Gegenmittel auf Expertenebene in Deutschland ganz und gar nicht einig war. Der Autor der Studie schlussfolgert: *„Die Dramatisierung der Grippe im Sinne einer Risikosemantik wäre nur möglich gewesen, wenn virologische Interventionen als eingeforderte Handlungsmaxime wissenschaftspolitisch außer Frage gestanden hätten.“* Staats- und sanitätspolitisch machte es in der damaligen Situation keinen Sinn, aus dieser Epidemie ein Drama zu machen. Die Medien hatten dementsprechend gar keinen Grund, sich besonders ausführlich mit diesem Thema abzugeben. Die Grippetode nahm man als natürlich hin. Aus all diesen Gründen – wie gesagt, die Mediensituation war noch eine völlig andere als heute – wurde keine große Geschichte aus der Asiatischen Grippe gemacht. Für die Bevölkerung blieb es in der Hauptsache eine *private* Erfahrung, so wie andere Krankheiten auch. Dabei spielt gewiss auch eine Rolle, dass in Deutschland die *„eindeutige Referenz zur Vorstellung einer Grippepandemie als drohendem Desaster“* fehlte. Die Spanische Grippe, die trotz ihrer gigantischen Opferzahl keine tiefen Spuren im historischen Gedächtnis hinterlassen hatte, lag schon weit zurück, Rinderwahn, Schweinepest, Ebola, MERS und SARS warteten in ziemlich ferner Zukunft, ebenso Hollywoods Blockbuster-Schocker. Das Wirtschaftswunder konnte sich ungebrochen fortsetzen.

5. Was schlimm ist.

„Die Kombination von Mathematik und Apokalyptik kann schwierig werden." (Michael Fleischhacker)

Aus der unendlichen Vielzahl aktueller Bewertungen zur Bedrohlichkeit von Covid-19 möchte ich eine Aussage herausgreifen, die aufgrund der Formulierung unser Interesse verdient: *„Corona ist ja eigentlich keine sehr gefährliche Erkrankung – für etwa 95 Prozent der Menschen, die sie nachgewiesenermaßen bekommen haben, verläuft sie harmlos. Aber da bleibt eben dieser Rest von vielleicht fünf Prozent, wo es zu Komplikationen kommt, und für einen Teil dieser Fälle endet die Erkrankung tödlich."*[10] Genau das ist es, dachte ich mir. Das entspricht der Wahrheit. Ob die Zahlen hundertprozentig genau so stimmen, ist für das Verständnis dieser Aussage jetzt mal nicht wesentlich. Es gibt im Moment sowieso niemanden, der die „richtigen Zahlen" hat, vor allem wenn man sich näher ansieht, wie methodologisch unsauber mit vorhandenen Datensätzen umgegangen wird. Auf die große Aufgabe, die irgendwann in Zukunft unternommen werden wird müssen, mit großem analytischem Aufwand und mit wissenschaftlicher Sorgfalt zu eruieren, wo hier die genaue Faktenwahrheit liegt, und selbst das wird immer Annäherung bleiben müssen, möchte ich mich an dieser Stelle auch gar nicht einlassen. Das Interessante an der zitierten Aussage ist

---

10 Es ist nicht so wichtig, hier zu dokumentieren, wer genau diese Aussage gemacht hat – sie wird von mir als eine Art Symptom betrachtet. Allerdings wäre es mir auch unmöglich, sie nachzuweisen. Das Interview auf der Seite meines großen Mail-Providers war nach einer Stunde nicht mehr aufzufinden.

nämlich etwas anderes: Wir haben hier zwei Bewertungen in einer summarischen Feststellung - „nicht sehr gefährlich" - „tödlich".

Jeder wird einsehen, dass diese Einschätzungen sich aus der Sicht der klassischen Logik widersprechen. Wie kann etwas zugleich ungefährlich und tödlich sein? In der Gegenüberstellung von „nicht sehr gefährlich" und „tödlich" in ein und demselben Satz, der sachlich meiner Ansicht nach zutreffend ist, drückt sich das objektive Dilemma unserer Situation aus. Anders als bei tödlichen Seuchen wie der Pest mit einer Sterblichkeitsrate von etwa 70%, die in Europa zwischen 1346 und 1353 ein Drittel der Bevölkerung hinwegraffte, können die meisten Menschen, die mit Covid-19 infiziert werden, damit rechnen, nichts anderes durchzumachen zu müssen als bei einem anderen leichten grippalen Infekt sonst auch, falls die Krankheit überhaupt ausbricht und falls sie sich überhaupt körperlich bemerkbar macht. Weder klingt das sonderlich gefährlich noch ist es das. Gefährlich wird der Virus nach allem, was wir derzeit wissen, erst dann, wenn bereits eine oder besser mehrere schwere Erkrankungen vorliegen, sodass schon eine tiefgreifende Schwächung des Immunsystems vorliegt, oder für die Kohorte der alten und vor allem der sehr alten Menschen, deren Abwehrsystem schon aus Gründen der Altersdegeneration schwach ist und die auch bisher schon diejenigen waren, die eine Grippe zu fürchten hatten, weil sie ihrem Leben ein Ende bereiten kann. Dass es auch Jüngere treffen kann, haben wir auch mitbekommen[11]. Es ändert aber nichts am Gesamtbild.

---

11 Ob in diesen kolportierten Fällen sorgfältig nach eventuellen anderen bereits vorliegenden schweren gesundheitlichen Beeinträchtigungen gesucht wurde, was natürlich notwendig wäre, um die Relevanz solcher Altersausbrecher einzuschätzen, kann ich nicht sagen. Der Gerichtsmediziner Prof. Büschel aus Hamburg hat entgegen der Empfehlung des Robert-Koch-Instituts Obduktionen an Leichen an „Covid-19-Toten" vorgenommen. Er meint, es kommt auch im Fall der Influenza vor, dass es irgendwann auch einmal einen jüngeren Menschen treffen wird. Sein jüngster Obduzent war 50 gewesen. Sein Befund: Ausnahmslos alle der von ihm untersuchten Toten hatten schwere Vorerkrankungen gehabt. Sein

In Italien, dessen schlimme Situation ja für die sanitätspolitischen Entscheidungen vieler europäischer Länder ausschlaggebend war – man konnte auf den Nachbarn, sonst Inbegriff des sympathischen Urlaubslandes, blicken wie auf eine drohende Zukunft, die in eine paar Wochen auch bei uns eintreffen konnte, ja gewiss eintreffen würde, wenn unser Land nicht so schnell wie möglich alle nötigen Vorkehrungen träfe – in Italien also liegt der Altersschnitt der Verstorbenen mitsamt allfälligen Ausnahmen bei ungefähr 81 Jahren. Die allgemeine Alterserwartung lag im Jahr 2016 dort bei 82,5 Jahren. Wenn man nun noch in Rechnung stellt, dass – was gemäß früher geltender medizinischer Standards unseriös ist, und zwar so hochgradig unseriös, dass ein Medizinstudent, der diesen Fehler beginge, das Examen nicht schaffen würde – jeder Toter als Corona-Toter gezählt wird, *woran* immer er auch tatsächlich gestorben ist, wenn sich in seiner Leiche nur Corona-Viren nachweisen lassen, kann man den Eindruck gewinnen, dass das Opfer, das der Virus der Bevölkerungsgruppe der schwer Kranken und sehr Alten abverlangt, so ungewöhnlich nicht ist.

Also, zumindest in Italien liegt das Durchschnittsalter der durch oder einfach irgendwie mit Corona Verstorbenen nahe bei dem Durchschnittssterbealter. Daraus geht rechnerisch hervor, dass der Durchschnittsverlust an Lebensjahren bei einem vorzeitigen Tod durch Covid-19 so groß nicht ist. Darf man angesichts des Todes relativieren? Diese Frage beschäftigt mich, und meine höchst subjektive Antwort ist: Nein. Jeder Tag Leben ist kostbar. Dies fällt in jedem einzelnen Falls ins Gewicht. Prinzipiell ist es höchst fragwürdig, ob es jemandem zusteht, von einem anderen

---

Fazit: *„Der normale Bürger muss sich vor dieser Krankheit nicht mehr fürchten als vor 30, 40 anderen Infektionskrankheiten, die einfach kursieren. (...) Das ist keine besonders gefährliche Krankheit. Das Problem ist, dass es eine Pandemie ist. Vor der Krankheit selbst müssen wir uns nicht fürchten.“ (Zitat aus: „14. Expertengespräch Covid-19“, youtube)*

diesbezüglich ein Opfer zu verlangen. Der Tod ist so etwas wie eine absolute Grenze, das gilt für alle höheren Lebewesen, und es gilt existentiell für jede*n einzelne*n Menschen. Der Schriftsteller Elias Canetti hat das in der Mitte des vorigen Jahrhunderts zugespitzt zu der emphatischen Aussage: Der Tod ist mein Feind. Ich anerkenne ihn nicht und werde ihn nie akzeptieren. Er muss überwunden werden. Solange ich lebe, und ich möchte für immer leben, lehne ich mich gegen ihn auf. Ich möchte den Tod aus dem Leben werfen... Ich glaube, die meisten Menschen können diese Energie der Empörung angesichts des Todes nachvollziehen. Aus so einer prinzipiellen Haltung folgt: Man darf den Tod nicht relativieren, niemals.

Vor diesem geistigen Hintergrund können wir einen ähnlich „widersprüchlichen" Satz formulieren wie den vom Kapitelanfang: Der Verlust, den eine Corona-Epidemie den Schwerkranken und alten oder eher sehr alten Menschen androht, ist unzumutbar - aber nicht ungewöhnlich.

Es gibt in der Erfahrung der Konsequenzen dieser Epidemie aber eine Dimension, die nicht nur unzumutbar in diesem zugespitzten Sinne, sondern auch jenseits des „Gewöhnlichen" ist. Jeder Tod ist schlimm und fügt Schmerzen zu, vor allem für diejenigen, die zurückbleiben und einen der Ihrigen verloren haben. Jedes bewusste Blicken auf die Möglichkeit des eigenen Todes ist furchtbar, viele Menschen vermeiden es ihr Leben lang, sich länger und unbeirrt, intensiv und bewusst mit dieser Möglichkeit – die ja gar nicht bloß Möglichkeit ist, sondern sichere Gewissheit – auseinanderzusetzen. Aber furchtbarer ist es und nicht mehr ohnehin zu erwarten und unvermeidbar, Menschen, die Trost und Hilfe brauchen, in einer Situation, wo ihnen der Tod droht, nicht mehr adäquat versorgen zu können. Das ist eine (kollektive) Erfahrung der Machtlosigkeit im Leben, die sich tief ins Bewusstsein eingraben kann – und das war in Italien offensichtlich massenhaft der Fall, und wir bekamen es mit, wenn wir auch geschützt waren. Furchtbar ist es, nach Luft zu ringen. Furchtbar ist jeder Kampf zwischen Leben und Tod, wenn Leben noch möglich wäre. Es ist zerreißend, unerträglich und tendenziell für Helfer*innen traumatisierend, wenn es Mittel gäbe, einem Menschen, der von Ersticken bedroht ist, zu helfen – diese Mittel aber nicht mehr gereicht werden können, weil sie nicht für jeden reichen. Dies aushalten und bezeugen zu müssen. Furchtbar ist, wenn ein Helfen-Wollender sich gezwungen sieht zu entscheiden, wer eine Chance bekommt weiterzuleben und wer nicht.

Dazu kommt noch etwas, was furchtbar ist, und ich finde, das ist am nachhaltigsten und am unheimlichsten schlimm: Die Trennung der Lebenden von ihren sterbenden Angehörigen. Das ist der furchtbarste Verlust, den so wird Menschlichkeit in dem Moment verhindert, wo sie am meisten am Platz ist.

Im Roman „Östlich der Berge" von David Guterson bekennt der krebskranke Protagonist, ein pensionierter Chirurg, der sich dazu entschlossen hatte, sich selbst das Leben zu nehmen: *„Ich wollte meine Familie nicht belasten, wollte ihnen nicht 9 Monate davon zumuten. Das ganze Elend."* „Es ist keine Belastung", wirft seine Gesprächspartnerin ein. *„Wenn man das Sterben eines Menschen erlebt, lernt man, mitfühlender zu sein. Man lernt Mitgefühl."* Gerade der Kampf darum, bestimmte Formen von Nähe nicht preiszugeben, scheint mir in der durch Corona ausgelösten Situation erforderlich zu sein. Ich werde noch darauf zurückkommen. Ist das nicht der größte Raub? In Italien und ein paar anderen Ländern musste man wirklich die Erfahrung machen: *Es ist zu spät.* Die Katastrophe ist bereits eingetroffen. Wir waren nicht gut genug vorbereitet. Unser Gesundheitssystem und unser Personal schaffen das nicht mehr... Solche zerreißenden Situationen vermeiden zu wollen liefert den stärksten Impuls und Legitimationsfaktor für den politischen Ausnahmezustand, in dem wir uns nunmehr in so vielen Ländern befinden.

Der Tod ist uns also nicht gleichgültig. Als absolute Erfahrung verhindert er das Relativieren. Aber sein massenhaftes Eintreten braucht uns nicht davon abzuhalten, genau hinzusehen, über Situationen nachzudenken, sie abzuwägen und mit anderen Situationen zu vergleichen. Man muss zum Beispiel auch zur Kenntnis nehmen, dass die öffentliche Spitalsversorgung in Italien schon vor diesem Pandemiefall katastrophal war. Italien hat 6000 Intensivbetten bei einer Bevölkerung von 60 Millionen. Zum Vergleich: Deutschland hat über 30.000. Man könnte hier eigentlich von Gemeingefährdung staatlicherseits sprechen. Zumindest von einem staatlichen Versagen. Was die enorm hohen Sterbezahlen betrifft, so sollte auch nicht unberücksichtigt bleiben, dass das italienische Gesundheitsministerium am 23.03. öffentlich eingeräumt hat, dass 88% der „gezählten" Corona-Toten in Wirklichkeit keine waren – sie waren schon todkrank und sind ursächlich an anderen Krankheiten gestorben. Ist nur Corona schuld an diesem Zusammenbruch in Italien? Für die Toten ist das nicht relevant, für die medizinische Auswertung der Zahlen aber schon. Und selbstverständlich macht es Wirkung, wenn solche großen Zahlen in den Medien zirkulieren, ohne dass ihre Bedeutung erklärt wird. Die Drohkulisse wird dadurch einfach noch größer. Auch Bilder wie die vom massenhaften Transport von Särgen in Militärlastern in Bergamo können Schrecken auslösen, die sich dauerhaft in uns Betrachter*innen festsetzen und die wie Körnchen sind, um die sich Angstkristalle bilden. Alles das erzeugt einen enormen inneren und allgemein-gesellschaftlichen *Druck*.

Völlig zurecht stellt der Arzt für Infektionsepidemiologie Sucharit Bhakdi die Frage an die politischen Repräsentant*innen von

Ländern, deren medizinische Versorgung sehr gut ist: *„Macht ihr den Leuten klar, dass die Zustände, wie sie in Italien, Spanien und New York passieren, hier nicht eintreten werden?"* *„Wenn sie das nicht tun, verletzen sie ihre Pflicht."* Wir werden dies später noch diskutieren. Auch die Frage, wie es dazu kommen konnte, dass öffentliche Schutzsysteme dermaßen vernachlässigt wurden, ist zu diskutieren.

Aus dem Ernstnehmen der Todesbedrohung – und zwar in jedem einzelnen Fall, auch wenn es sich um einen 85-Jährigen handelt, der gerne 90 werden möchte - folgen viele weitere menschliche Pflichten. Die Situation, dass Menschen, die vom Tode bedroht sind, nicht geholfen wird, obwohl das unter anderen Bedingungen sehr wohl möglich wäre, ist keineswegs einzigartig und neu. Ein zahlenmäßig sehr ins Gewicht fallender Teil der Menschengemeinschaft ist von extremer Armut betroffen und lebt in Verhältnissen, wo ihm die für reichere Menschen vorhandenen Mittel der Heilung und Linderung nicht gereicht werden können. Das müssen nicht einmal teure Medikamente oder Spitzengeräte der Medizin sein, in vielen Fällen handelt es sich um so einfache Dinge wie sauberes Wasser und Nahrung. Das ist nicht nur furchtbar und schlimm, sondern auch schändlich. Der ehemalige UN-Sonderberichterstatter für das Recht auf Nahrung, Jean Ziegler, spricht uns Reiche des „Mordes aufgrund von unterlassener Hilfestellung" für schuldig. Das ist ein hartes Urteil, das moralischen Druck erzeugen soll, ähnlich wie heute Greta Thunbergs anklagendes Auftreten. Ob wir kollektiv solchen Druck brauchen, um überhaupt ins Handeln zu kommen, wenn es ans Eingemachte geht, darüber ist durchaus zu diskutieren. Auch darüber: In welchem geistigen Zustand befinden wir uns eigentlich, dass wir eine Greta Thunberg brauchen?

Ich selbst stehe dieser Frage ambivalent gegenüber. Ich mag keinen Druck. Wieder so ein seltsamer Satz: Ohne Druck geht es nicht

- und nachhaltiges Handeln erfolgt aus tiefer Freiwilligkeit. Wieder so ein Widerspruch, zwei Seiten, die eigentlich unverträglich sind und doch in einem Satz die Wahrheit der Situation ausdrücken.

Jedenfalls haben wir es gelernt, trotz des Wissens um weltweites Elend gut zu leben, weil es nicht vor der eigenen Haustüre stattfindet. Das ist auch wieder menschlich und verständlich. Andere sind dafür zuständig, glauben wir, denken wir. Wir können uns davon relativ leicht distanzieren. Man kann sich auch nicht um alles kümmern. Es sind nicht unsere Omas und Opas, die von diesem Tod bedroht sind, die Zahlen dieser Bedrohten und Sterbenden werden nicht täglich gelistet und in den Nachrichten verkündet, die Regierungen versetzen ihre Länder nicht in den Notstand deswegen. Gott sei Dank sind wir von denen getrennt, die aufgrund von Hunger oder leicht vermeidbaren Krankheiten und Seuchen sterben. Es gibt Hilfsorganisation und einzelne, die sich um sie kümmern. Und – das ist auch wahr und richtig – kümmern wir uns um die Probleme vor unserer Haustüre! Beweisen und lernen wir da mal Menschlichkeit. Ich hoffe, dass Sie keine meiner Aussagen isoliert zitieren werden – ich versuche, Bewusstseinslagen nachzuzeichnen, es geht um das Gesamtbild. Wir befinden uns in einem Prozess des Nachdenkens. Da gibt es diese Widersprüche, die uns herausfordern. Endlich, möchte ich sagen.

Von einem Virus, der alle Grenzen übertritt und epidemisch wird, kann man sich nicht distanzieren. Er kann im Prinzip jede*n treffen. Ich bin 49, in guter Form, gesund, ich fühle mich subjektiv sicher, mir geht es gut, aber selbst wenn ich die Hygienevorschriften einhalte und Kontakt mit ganz wenigen Leuten habe, so kann ich mir doch nicht sicher sein, ob ich nicht doch zum Überträger werde, der meine Eltern gefährdet. Oder die Eltern meiner Nachbarn, meiner Verkäufer, da ich zu meinen eigenen ja jeden physischen Kontakt abgebrochen habe. Es ist in meinem Fall ihr ausdrücklicher

Wunsch. Die Wahrscheinlichkeit, den Virus zu übertragen, ist vielleicht unglaublich minimal, aber sie existiert, und jedem ist das bekannt, jedem ist bekannt, jedem wird das nahegebracht, dass er oder sie potentiell *eine Gefahr für andere* darstellt. Und so beginnen wir, nicht nur unsere Nachbarn zu verdächtigen, sondern auch uns selbst. So greift der Virus in unser Bewusstsein und nimmt innere Gestalt an. Es ist nicht leicht, sich nicht mit ihm zu beschäftigen, zumal es in den Nachrichten zurzeit kaum ein anderes Thema gibt als dieses. Wer wollte auch nicht informiert sein, wie es weitergeht? Und so schließt sich der Kreis, und wir sehen nun deutlich ein weiteres, was schlimm ist.

Schlimm und furchtbar ist diese permanente Präsenz der Bilder und Rezitationen des Schlimmen. Und wir selbst hängen doch unsere Augen und Ohren daran. Die Zahlen, die jeden Tag verlesen werden, und deren Relation man nicht mehr vernimmt, da Vergleiche ausbleiben, da alle sich darauf schon geeinigt haben, dass es schlimm ist und furchtbar, dass so viele sich jeden Tag neu anstecken. Und was sagen diese Zahlen? Sie wachsen, sie wachsen. Sie sagen: Die Maßnahmen können gar nicht streng genug sein, und wir wachsen immer noch weiter... Na, habt ihr eine Antwort darauf? Wie soll man sich diesem Sog entziehen? Wie soll man davon nicht hypnotisiert werden, gebannt in eine Innerlichkeit, die betroffen ist und in eine staatsbürgerliche Existenz, an die Weisungen ergehen, wie sie sich zu verhalten hat?

Neu im Vergleich zu Epidemien, die 50 und 100 Jahre zurückliegen, ist die große Nähe der Medien und damit der atemlosen Öffentlichkeit zu dem, was da passiert. Wir sehen Bilder von Menschen, die vollständig in Plastik verpackt sind und erschöpft aneinander lehnen. Solche von Sälen und Gängen voller Betten, manchmal sogar einen Raum mit Särgen, von denen wir nicht wissen, ob sie voll oder leer sind. Das Geschehen besetzt unseren Geist.

Ich werde noch ausführen, dass wir bzw. jede*r beliebige einzelne in diesem Bannkreis nicht bleiben müssen und dass wir in Wirklichkeit die innere Freiheit behalten, jede*r für sich, zu entscheiden, wie wir die Situation bewerten und wie wir darauf reagieren wollen. Vor allem: was wir damit anfangen wollen. Im Moment bin ich noch der Schilderung verpflichtet, was im Allgemeinen passiert, nicht nur bei uns, sondern auch in unseren Nachbarländern. Wir lesen die Berichte vom Zusammenbruch, von der Überforderung. Wir schwören uns gegenseitig ein auf das Schlimme, was da passiert. Wir sind entschlossen, *alles* zu tun damit es bei uns nicht ganz so schlimm wird. Wir versichern uns und lassen uns versichern, wie ernst die Lage ist. Wir reden nicht mehr darüber, es genügt, sich im Blick auszuweichen. Wir wappnen uns, wir sorgen vor, wir bekommen Vorschriften, wir ziehen uns zuhause zurück, halten das Wichtigste aufrecht, so gut es geht, sind tapfer und brav, lassen anderes, „weniger Wichtiges", sein, besuchen unsere Eltern nicht mehr, fügen uns in die Situation und warten.

Wir kommen dem Tod sehr nahe, einem Tod den wir doch nicht erleben dürfen.

6. Was treiben Viren?

„Die Existenz des Entsetzlichen in jedem Bestandteil der Luft. Du atmest es ein mit Durchsichtigem; in dir aber schlägt es sich nieder, wird hart, nimmt spitze geometrische Formen an zwischen den Organen." (Rainer Maria Rilke)

Jetzt reden wir die ganze Zeit von diesem Virus. Daher ist in mir der Wunsch gewachsen, etwas mehr über diese Lebens(?)form zu wissen, die uns solche Schwierigkeiten einbringt. Sie mögen das als eine Ablenkung, einen Exkurs unserer Betrachtung der Lage ansehen – es wird sich aber herausstellen, dass dem nicht so ist.

Ich habe mein verstaubtes Schulwissen über das Leben der Viren aufgefrischt. In meiner naiven Vorstellung waren sie irgendwo im weiten Raum zwischen Kristall und Zelle angesiedelt. Seit der Entwicklung von Elektronenrastermikroskopen sowie durch die Geschicklichkeit menschlicher Bildbearbeiter, die die oft recht unansehnlichen Vergrößerungen aus der Nanowelt färben und kontrastieren, in ansprechender Optik und Perspektive für das Auge herauspräparieren, können Interessierte sie ja sehr gut betrachten. Da prangen sie wie recht beeindruckende Designobjekte, so irgendwo zwischen Attraktivität und Abstoßung. Sie haben wirklich ungemein geometrische, regelmäßige Formen, mit Auswüchsen an der Oberfläche, die, wie ich jetzt weiß, zum Andocken dienen.

Besonders fasziniert war ich, als ich erfuhr, wie zahlreich diese Viren sind, die buchstäblich jeden Winkel der belebten Welt bewohnen, und welche wichtige Rolle sie für das Leben spielen. Nehmen wir zum Beispiel die Ozeane. *„In einem Teelöffel Meerwasser* können bis zu hundert Millionen Erreger schwimmen." Bevor ich das alles in eigenen Worten wiedergebe, möchte ich lieber ausführlich aus einem Wissenschaftsreport zitieren[12], in dem ein gewisser Martinez zu Wort kommt: *„Viren sind in der Lage, jegliche Form von Leben zu befallen, sagt Martinez. Und Leben gibt es im Meer im Überfluss. Neben Fischen, Krebsen und Quallen tummeln sich hier vor allem Kleinstlebewesen wie das Phytoplankton, kleine Einzeller, die zum einen dem Reich der Pflanzen, zum anderen dem Reich der Bakterien zugeordnet werden. Jede Sekunde finden 10^{23} virale Infektionen im Meer statt – das haben Meeresbiologen der University of British Columbia in Kanada errechnet."* Die Auswirkungen dieses Treibens der Viren im Meer sind dermaßen umfassend, dass man konstatieren muss, dass ohne sie das ökologische Gleichgewicht in den Ozeanen durcheinandergeraten würde. Dieser Punkt erstaunte mich besonders: *„„Viren kontrollieren regelrecht, wer im Meer lebt und wer nicht", sagt Joaquin Martinez Martinez. Sie sorgen für ein Gleichgewicht zwischen den Organismen und damit für Artenreichtum. „Der Vorteil der Viren ist, dass sie sich ihre Wirte stets sehr spezifisch aussuchen", sagt Martinez Martinez.""* Sie suchen sich ihre Wirte aus? Diese Form von Intelligenz müssen wir später unbedingt noch näher betrachten. Jedenfalls gehen Viren so vor, diesen Eindruck könnte man als unbedarfter Beobachter haben, als hätten sie einen Masterplan. Im Meer greifen sie nämlich eine dominante Art an, die überhandzunehmen droht: *„Dominiert also eine Algenart wie Emiliana, greift das Virus nur diese an und sorgt dafür, dass andere Phytoplanktonarten wieder Platz finden, um zu leben. (...) „Man kann sich das wie einen Wald vorstellen, der so dicht und dunkel ist, dass nur noch eine Art an Bäumen dort überleben kann", sagt der Meeresvirologe. Befiele ein Erreger diese Bäume, würden diese beginnen abzusterben – und*

---

12 Alle Zitate aus: „Viren, die helfen" von Inka Reichert, *planet-wissen.de*

neue Pflanzen hätten wieder eine Chance."" Ist das möglicherweise ein versteckter Hinweis, nicht mehr ins Meer schwimmen zu gehen? *„Die marinen Viren sind auf Meeresbewohner spezialisiert und richten im Körper des Menschen für gewöhnlich nichts an. „Im Ozean gibt es etwa Viren, die Bakterien befallen, die mit dem Cholera-Erreger verwandt sind", sagt der Virologe."*

Eine ganz besondere Fähigkeit der Viren, die uns im Moment zu schaffen macht, ist, dass sie Artengrenzen überspringen können. So vermutete man vom Virus SARS Covid-2 bekanntlich, dass er von der Fledermaus zu uns Menschen kam, wobei möglicherweise ein exotisches Schuppentier namens Pangolin eine Vermittlerrolle spielte, ein anderer Kandidat in dieser inter-speziesalen Übertragungskette ist die Java-Hufeisennase. Für diese Träger und Überträger ist der Virus nicht infektiös, erst im Menschen wird er das - und das auch nicht immer, denn den Virus in sich zu tragen bedeutet nicht zwangsläufig, dass der Organismus erkrankt.

Auch in einem gesunden Körper wohnen Unmengen von Viren. Dass unser Körper mit einer riesigen Menge von Bakterien ko-existiert, ist ja schon länger bekannt. Wie haben etwa zehnmal mehr Bakterien in uns, als wir Körperzellen haben. Das ist keineswegs ein Anzeichen von schwerer Krankheit, im Gegenteil, es zeugt von einem gesunden, hochkomplexen Gleichgewicht des Lebens. Natürlich gibt es eine gewisse Anzahl gefährlicher Bakterienarten, die dem Menschen schaden. Doch es gibt ganze Heerscharen „guter" Bakterien, sprich solcher, die dem Körper helfen, seine Aufgaben gut zu erledigen. Wie überall im Reich der Natur entdecken wir hier in der Tiefe unserer Körper ein riesiges Netzwerk der Kooperation, das in bestimmten Situationen auch in ein Ungleichgewicht geraten kann, nämlich vor allem dann, wenn bestimmte Bestandteile ausfallen, zum Beispiel wenn durch eine Chemotherapie auch viele nützliche Bakterienarten im Körper ausgemerzt werden. Diese müssen dann durch spezielle Nahrungsmittel oder Ergänzungsstoffe langsam wieder hochgezüchtet werden.

So enthält ein Gramm menschlicher Kot etwa hundert Millionen Bakterien – und bis zu einer Milliarde Viren. Das menschliche Virom ist noch weniger erforscht als das Bakteriom. Nach einer Studie eines gewissen Delwart mit Team, die sich auf fünf hoch frequentierte Körperöffnungen beschränkte, enthielten die Gewebsproben der von ihnen untersuchten Probanden im Schnitt 5,5 unterschiedliche Virenarten. So beheimatete fast jeder der Probanden (98%) den Herpes-Virus, 75% der Proben aus der Nasenschleimhaut enthielten Papillomaviren, 38% der Frauen hatten eine potentiell gefährliche Form davon – bekanntlich durch Männer übertragen, für die die Papillomaviren völlig ungefährlich sind – in ihrer Vagina, die meisten Probanden hatten auch Adenoviren im Körper, die für Erkältungen und Lungenentzündungen verantwortlich zeigen. Am häufigsten sind überhaupt die Anelloviren, die als die häufigste bisher bekannte Infektion gilt. *„Jeder sei mit diesen Viren infiziert, schreibt Delwart, ausnahmslos jeder. Bisher gebe es keinen Hinweis darauf, dass diese Viren schädlich seien, allerdings zeige die Tatsache, dass deren Konzentration bei einer Immunschwäche steige, dass sie unter der Kontrolle des Immunsystems stünden. Ein Anstieg der Virusmenge könnte daher zu Gesundheitsproblemen führen, allerdings spräche ihre Allgegenwart auch dafür, dass es eine gelungene Koevolution gegeben haben müsse.“*[13]

Eigentlich sind Viren immer noch sehr wenig erforscht. So wurden bisher nur etwa 3000 Arten identifiziert. Dabei gehören sie zu den artenreichsten der Mikroorganismen. Manche Forscher nehmen

---

13 Hildegard Kaulen, *„Nutzen von Viren. Mit schlechten Absichten und gutem Karma“*, *Frankfurter Allgemeine*, 26.11.2016

an, dass es zu jeder anderen biologischen Art mehrere Viren geben könnte, die sich auf sie spezialisiert haben - sie kommen überall auf der Erde vor und befallen jede der anderen biologischen Lebensformen. Es ist bis heute ein wenig strittig, ob Viren überhaupt „leben". Das hat natürlich mit der jeweils zugrunde gelegten Definition von Leben zu tun. Aber sie sind *Lebensbegleiter* - möglicherweise eine Rückentwicklung früher Stufen des Lebens – das kann man klar sagen.

Schön finde ich die Beschreibung des Virologen Norbert Bischofsberger: *„Es ist aber ein Ding in der Mitte, nicht tot, aber auch nicht lebendig. Ein Virus kannst du kristallisieren, in ein Glas geben und für immer aufheben. Das ist weder mit Bakterien möglich noch mit Hefe, also mit nichts, was lebt. Weil Zellen Sauerstoff und Nahrung brauchen, um zu überleben. Beim Virus ist das anders."*[14]

Als „Grenzgänger" des Lebens und wahre Verwandlungskünstler verbreiten sich Viren wie gesagt über die Artengrenzen hinweg. Das führt zu zweierlei: Sie aktivieren die jeweiligen Immunsysteme, mit denen sie ihre Überlistungs- und Überwältigungsspiele austragen, manchmal vielleicht auch einen Friedensvertrag aushandeln, sich auf irgendeine Form von friedlicher Koexistenz einigen. Fragen Sie mich nicht, wie das funktioniert. Aufgrund ihrer hohen Mutationsfähigkeit, die es einem Virus erlauben, seine chemisch ablesbare Oberflächengestalt zu verändern, ist er den jeweiligen Immunsystemen manchmal einen Schritt voraus, oder er bringt diese sogar dazu, sich selbst zu attackieren – was den berühmten Aidsvirus so gefährlich machte, der in den ersten Jahren seines Auftretens beim Menschen für diesen das Todesurteil bedeutete[15] – ein Todesurteil mit längerer oder kürzerer Wartezeit, da man nicht genau

---

14 In: *„Wann ist Corona besiegt?"*, *Die Krone*, 29.03.20
15 Mit ganz wenigen Ausnahmen. Interessanterweise gab es Fälle von Infektionen ohne Ausbruch.

vorhersagen konnte, wie lange ein immer schwächeres Immunsystem allen sonstigen von demselben normalerweise gut bewältigbaren Herausforderungen standhalten konnte.

Meine Recherchen haben mich insgesamt belehrt, dass Viren für das System des biologischen Lebens nicht nur lästig bis potentiell tödlich sind, sondern auch eine essentielle Rolle in der Evolution des Lebens spielen. Sie sorgen dafür, dass bestimmte Gene von einer Art zur anderen übertragen werden. Acht Prozent des menschlichen Erbguts sind viralen Ursprungs. Das heißt: Sie kommen „von außen" und wurden dem menschlichen Erbgut durch Viren implantiert. Das menschliche Genom hat diese „Informationen" in sich aufgenommen und integriert. Um ein Vergleichsbild aus dem Bereich unseres technischen Leitmediums zu nehmen: Viren sind die Hacker des Lebens. Sie hacken sich in die bestehenden biologischen Programme der Zellen ein und lassen diese dann für sich arbeiten. Sie sind von einem solchen piraterischen Vorgehen abhängig, ohne das sie sich nicht vermehren könnten. So müssen sie ständig Anschlüsse finden ans System des organischen Lebens. Das ist ein Hauptgrund, warum ihnen der Status einer biologischen Lebensform strittig gemacht wird.

Das Überleben als Art hängt für die Viren also von ihrer Fähigkeit ab, sich einzuhacken in die zellulären Steuerzentren des Lebens, ins Genom. Für sich alleine hingegen sind sie - fast nichts, eine sehr reduzierte, abgekapselte Wirkeinheit, Viriom genannt. Viren bestehen aus einem Strang von DNA oder RNA und einer Hülle. An der Oberfläche gibt es antennenartige Auswüchse, die es ihnen erlauben, zielgenau an die Zellen, die sie für ihre Vervielfältigung brauchen, anzudocken und die Zellwand zu bearbeiten, dass sie in sie eindringen können. Also: Schale und Informationsfaden, das ist es dann auch schon - keine Zellflüssigkeit, keine Organellen. Die Genialität des Wesens Virus liegt darin, dass es höchst effizient andere für sich arbeiten lässt. Es isst nicht, verdaut nicht, hat keinen Sex, braucht keine innere Aufbauarbeit zu leisten – das erledigen die befallenen Zellen. Vergessen wir nicht, dass es im großen Netz des Lebens keinen reinen Egoismus gibt. Die Viren wirken regulierend, herausfordernd und als Überträger von Information, die nicht nur fallweise den Wirtsorganismus schädigt, sondern auch Teil seines eigenen Informationsschatzes wird.

Es ist interessant, dachte ich, wie das Leben das Leben bereichert – und wie das Leben zugleich für das Leben zum Problem wird. Zur Ursache für Pein und Qual. Viren helfen dem Menschen, indem sie gefährliche Bakterien ausschalten und sein Genom bereichern. Zugleich sie sind Auslöser von einigen der größten Plagen des Menschen: Grippe, Pest, Ebola und Aids. Sie haben die Medizin mit auf den Weg gebracht.

Als man noch nicht zwischen Bakterien und Viren unterschied, ja nicht einmal eine Vorstellung davon hatte, dass es selbst lebensähnliche Wesen sein könnten, sah man die natürliche Ursache derselben in einer schwer fassbaren Ausdünstung, die man „Miasma" nannte. Wörtlich übersetzt bedeutet das „Besudelung", „Verunreinigung". Diese krankheitsverursachende flüchtige Materie, so nahm man an, entstand durch faulige Prozesse und dergleichen, als Ausdünstung verseuchten Bodens. Auch eine geistig-emotionale Situation konnte Miasma genannt werden: Etwas, aus dem nichts Gutes hervorgeht.

Erst 1933 im Fall der Viren, nahm dieses Ungute dann die heute gut erfasste, materielle Gestalt an, die ich beschrieben habe. Die medizinische Forschung hat sich sogleich darangemacht, Impfstoffe zu entwickeln, die unserem Immunsystem helfen, sich gegen den Infektionsfall zu immunisieren. Das Immunsystem funktioniert wie ein – plastisches und durch Updates permanent lernfähiges – hochintelligentes Antivirenprogramm. Ein weiser Virus, das habe ich auch gelernt, bringt seinen Wirt nicht um. Können wir in dieser Hinsicht – von Corona etwas lernen?

7. Maßnahmen

„Man muss den Dingen die eigene, stille ungestörte Entwicklung lassen, die tief von innen kommt und durch nichts gedrängt oder beschleunigt werden kann, alles ist austragen – und dann gebären...“ (Rainer Maria Rilke)

Hatte man anfangs die Hoffnung, es könne gelingen, die Verbreitungsherde des Virus lokal begrenzt zu halten, so hat sich diese schnell in Luft aufgelöst. Am 12.03.2020 gab die WHO bekannt, dass die Epidemie nunmehr die Ausmaße einer nicht mehr zu stoppenden Pandemie angenommen hat. Am 25.03. sprach der UN-Generalsekretär Antonio Guterres von einer Situation der „Bedrohung für die gesamte Menschheit“ und warb zugleich dafür, dass nun schnell Mittel für die ganz armen Länder bereitgestellt werden müssten.

Fast alle Länder setzen auf eine Strategie, die darauf abzielt, die Ausbreitungsgeschwindigkeit des Virus zu reduzieren. Zu den ergriffenen Maßnahmen zählen bekanntlich neben der Quarantäne von der Ansteckung verdächtigter Personen das Herunterfahren aller „nicht notwendigen“ Aktivitäten des öffentlichen Lebens und eine allgemeine Verhaltensregel, die unter dem Namen Social Distancing bekannt geworden ist. Es ist beachtenswert, dass es über Sinn, Nutzen und Kosten dieser generellen Strategie keine öffentliche Diskussion gegeben hat. Man könnte den Eindruck haben, sie wäre konkurrenzlos. Fehlende Diskussion hin oder her, jedenfalls ist jede*r angehalten, diese Maßnahmen mitzutragen. Sie verwirklichen in Summe ein hohes Maß der Verhaltenskonformität, etwas,

was in diesen Wochen bereits „neue Normalität" genannt wird. So ist die Situation, schrieb ich Ende März.

Nun, man wird natürlich ins Feld führen, dass in einem Notfall nicht über Maßnahmen diskutiert wird. Existierende Pläne werden aufgegriffen und so zügig wie möglich durchgeführt. In unserem Fall gab es durchaus genügend Vorbereitungszeit, und ich habe kein Wissen darüber, wie die jeweiligen Regierungen diese intern genutzt haben. Und dann konnten diese als Grundlage der eigenen Entscheidung natürlich auch stets mitberücksichtigen, wie andere Länder, in die der Virus schon früher eingezogen war, reagiert hatten. Die Regierungen sahen und sehen sich unter Zugzwang. Sie scharten wohl eilig Expert*innen um sich, erinnerten sich an bestimmte Notfallpläne, nahmen erste Analysen und Prognosen vor, entwarfen Szenarien, und trafen ihre Entscheidungen. Eine Ausnahmesituation dieser Art beginnt ja nicht mit der Verkündigung der Maßnahmen, sondern ist schon dadurch gegeben, dass keine Zeit gibt für einen politischen Prozess der allgemeinen, vielparteilichen Deliberation bleibt. Es entscheidet der *Krisenstab* der Regierung – alles andere ist nachgeordnet.

So kommt es, dass wir die teilnehmenden und mitbetroffenen Zeugen eines riesigen Sozialexperimentes in einem globalen Maßstab geworden sind. Es gibt die Erfahrung solcher in kürzester Zeit verordneten, kettenartig Land für Land erfassender umfassenden massiver Eingriffe soweit ich sehe bisher nicht. Allenfalls wären die Weltkriege als Vergleichsereignisse heranzuziehen, die ebenfalls eine kumulative Dynamik des Sich-Nicht-Entziehen-Könnens aufweisen. Vor allem gibt es in unserem Experiment sehr viele Ungewissheiten. Der Krieg als Vergleichsfolie ist tatsächlich nicht uninteressant, obwohl wir da vorsichtig sein müssen, denn eine Epidemie ist etwas anderes. Wir führen keinen Krieg. Der Kanzler meines Landes spricht von der *„größten Herausforderung seit dem*

2. Weltkrieg". Auch in unserem Fall der Epidemie gibt es die bange Frage: Es wird Opfer geben, aber wie viele? Und: Wie lange wird es dauern?

Das Wort „Opfer" hat hier zwei unterschiedliche Bedeutungsdimensionen. Zum einen fragt man sich – auch in den Modellszenarien – wie viele Menschen wohl aufgrund einer Infektion mit SARS Covid-19 sterben werden. Opfer sind hier tatsächlich die, die sterben werden. Die zweite Dimension betrifft die „Opfer", die jetzt jede*r bringen muss und wird bringen müssen – damit es nicht so viele Opfer gibt.

Bei einem Krieg wird selten jemand gefragt, ob er oder sie ihn möchte. Er wird beschlossen, und es wird die Zustimmung dazu von den BürgerInnen eingefordert, notfalls mit Gewalt. Es herrscht dann ein anderes Recht, das Kriegsrecht. Damit ist ein politischer Ausnahmezustand verbunden, der die Politik und das Militär mit besonderen Vollmachten ausstattet, gewisse sonst geltende allgemeine Rechte sind eingeschränkt. Und vor allem wird die militärische Strategie nicht mit dem Volk beraten, das ist eine Sache des militärischen Leitungsstabes. Befehle werden von oben nach unten durchgegeben.

Der Vergleich mit unserer Situation zeigt tatsächlich viele strukturelle Ähnlichkeiten. Ich denke, es ist gut, diesen Vergleich zu haben – gerade auch deshalb, um nicht in die Illusion abzurutschen, wie unterschwellig scheinbar naheliegend auch immer, wir befänden uns tatsächlich in einem Krieg. Krieg ist eine Metapher, die auch in der Medizin häufig vorkommt. Da spricht man vom „Krieg" gegen eine Seuche, gegen den Krebs oder eben gegen einen Virus. Gemeint ist aber nichts anderes als große, konzertierte Bemühungen. Der Krieg „rechtfertigt alle Mittel", bis hin zur Phantasie eines „totalen Krieges". Die Bemühungen, die schlimmen Auswirkungen einer Krankheit einzudämmen, rechtfertigen das nicht. Nicht alle Mittel dürfen eingesetzt, nicht jedes Opfer verlangt werden. Es braucht einen Prozess der Abwägung.

Diesen Unterschied zum Krieg sollten wir niemals aus den Augen verlieren! In zivilen Zeiten gelten nämlich andere Regeln als im Krieg, und zwar auch in einer Notfallsituation. Vor allem, wenn sie so lange dauert. Strategien lassen sich evaluieren, abändern und in Frage stellen. Politische Rechenschaften lassen sich einfordern. Fragen dürfen gestellt werden, auf Antwort darf bestanden werden. Zugemutete Opfer können zurückgewiesen werden. Es kann nicht auf Dauer über die Köpfe der Menschen hinweg bestimmt werden.

Fast alle Regierungen weltweit haben sich in der Reaktion auf den Virus für ungefähr denselben Weg entschieden. Eine schnelle Durchseuchung und damit Massenimmunität anzustreben wird als zu riskant angesehen. Es wird davon ausgegangen, dass dies zu viele Opfer (in der ersten Bedeutung) fordern würde. Bleibt nur der zweite Weg, den Anstieg der Infektionen so stark zu begrenzen – unter Anwendung sehr weitgehender Maßnahmen und Inkaufnahme großer Opfer (Opfer im zweiten Sinn) – sodass auf jeden Fall die maximal erwartbare Zahl von Patient*innen mit schweren Krankheitsfolgen in den jeweiligen nationalen Systemen der Intensivbetreuung noch versorgt werden kann. Ich denke, die allermeisten Menschen sind mit der Wahl dieses Weges einverstanden. Das könnte sich mit der Zeit aber auch ändern. Mir scheint dieser Weg im Prinzip vernünftig. Auch staatspolitisch ist er sehr nachvollziehbar: Kein Staat kann ruhig zulassen, dass ein wesentlicher Teil seiner Versorgung zusammenbricht und in der Folge Chaos und Aufruhr entsteht. Die Regierungen drohten dann schnell an Legitimität zu verlieren. Insofern wurde politischen Führer*innen schnell klar, nach anfänglichem Zögern, das mal länger, mal kürzer dauerte, dass sie handeln *müssen*.

Bisher hat aber wenig bis gar keine öffentliche Auseinandersetzung darüber stattgefunden, dass es innerhalb dieses Weges der Begrenzung wiederum zwei konträre Orientierungen gibt: Entweder man versucht mit allen Mitteln, die Rate der Neuinfizierungen immer weiter nach unten zu drücken, so tief, dass man am Ende nur mehr wenige Infizierte hat, die man – Fall für Fall – akribisch ausforschen und isolieren kann. Das setzt den Einsatz maximaler Kontrollmittel voraus. Diese Kontrollen können *frühestens* dann aufhören, wenn ein Impfstoff zur Verfügung steht.

Oder, das ist die andere mögliche Orientierung bzw. Strategie, man sorgt zwar einerseits dafür, dass die Zahl der Intensivbetreuungen bewältigbar bleibt, anderseits aber lässt man es zu, dass es zu vielen Ansteckungen in den Nicht-Risikogruppen kommt. In diesem Fall sind irgendwann so viele Menschen immun, dass die Ansteckungsgefahr für alle immer geringer wird. Man könnte sich dem Corona-Virus gegenüber so verhalten, wie gegenüber anderen normalen Risikokrankheiten wie zum Beispiel der Grippe auch. Das wäre eine Situation der Ambivalenz.

Wahrscheinlich gibt es diese Überlegung im Hintergrund auch, sie wird aber nicht öffentlich gemacht. Mein Eindruck ist, immer nur Stücke zu erfahren, so wie auch die Maßnahmen nur stückweise angekündigt worden sind. Das irritiert mich als Bürger, über den bestimmt wird. Ich würde gerne wissen, woran ich bin und was mir zugemutet wird, um mich dazu zu äußern. Ich möchte, dass mit offenen Karten gespielt wird, wenn so viel auf dem Spiel steht.

Positiv ist zu sagen, dass die Maßnahmen und ihre schnelle Verschärfung das Momentum des „Fast-schon-zu-Spät" aufgriffen und dann in den meisten Fällen sehr konsequent alles daransetzten, die Dynamik der Verbreitung zu schwächen. Die Nachricht der Regierung kam – in meinem Land – an: Vielleicht haben wir etwas zu lange gewartet und gezögert, nicht wirklich gut vorgesorgt, aber jetzt handeln wir, und zwar richtig – und alle müssen dabei mitmachen. Wir sind eine solidarische Gemeinschaft, es wird nicht leicht, aber gemeinsam schaffen wir das. So ungefähr konnte man die Botschaft dieser Ausrichtung verbalisieren. Nur gibt es hier ein paar Haken, die es angebracht scheinen lassen, die langfristige Sinnhaftigkeit des Vorgehens und jeder einzelnen der verordneten Maßnahmen zu diskutieren. Langfristig könnte der eingeschlagene Weg nämlich in eine sehr große Frustration einmünden.

Drei grundlegende Bedenken können wir in drei Fragen fassen: 1. Wie drastisch ist die Gefahr wirklich? 2. Mit welcher Zeitdauer ist zu rechnen, die unsere Gesellschaft im Ausnahmezustand bzw. „unter Beobachtung" verbringen wird? 3. Was sind die sozialen, politischen und ökonomischen Kosten? *Wer* achtet eigentlich auf die Verhältnismäßigkeit von erzielten Wirkungen versus den jetzt und später zu begleichenden Kosten?

1. Zur Zeit der Abfassung dieser Abhandlung ist es so, dass sich immer mehr kritische Fachleute zu Wort melden, die auf den schlampigen Umgang mit den zur Verfügung stehenden Zahlen hinweisen. *„Sicher ist, dass die simple Division der nachgewiesenen Erkrankungen durch die Anzahl der Todesfälle zu einer substantiellen Überschätzung der sogenannten „Case Fatality Rate" (CFR) führt"*, berichten zum Beispiel Ärzte aus dem Deutschen Netzwerk für evidenzbasierte Medizin[16]. Zur sicheren Einschätzung der potentiellen Tödlichkeit des Virus bräuchte es breite Querschnittstudien, wo alle Menschen getestet werden, und wo dann auch jene mit aufscheinen, die den Virus zwar in sich tragen, aber ohne jede weitere Auffälligkeit. Sodann müsste man die gewonnenen Zahlen

---

16 Aus der *„Stellungnahme"* des *Deutschen Netzwerks Evidenzbasierte Medizin* vom 20.03.2020

vergleichen mit der uns „normal" vorkommenden Sterblichkeit anderer Grippen, um die außerordentliche Drastik des epidemischen Ereignisses einschätzen zu können. Auch die gewöhnliche Sterblichkeit müsste sichtbar gemacht werden. Ich habe schon erwähnt, wie seltsam es angesichts der dringenden Notwendigkeit valider Daten als Entscheidungsbasis ist, dass die Toten nicht untersucht wurden, um die wirkliche Todesursache festzustellen. Das führt offensichtlich zu einer massiven Überschätzung des Todesrisikos. So kann die Erzählung des völlig Neuen befeuert werden, das auch alle bisher nicht dagewesenen Maßnahmen, und zwar für lange Zeit, rechtfertigt. Wegen diesem legitimatorischen Zusammenhang ist Frage 1 sehr relevant. Um so mehr erstaunt der fahrlässige Umgang mit den Daten. Aus ungenauen und falschen Daten ergeben sich nämlich falsche Handlungsanleitungen: *„Verzerrte Daten, deren Qualität kaum zur Entscheidungsfindung taugen, werden in hoch komplexen Modellen analysiert, als enthielten sie die dringend benötigten Informationen zur Gewinnung von Handlungswissen"*, schreiben Frank Romeike und Katharina Schüller[17]. *„Dass die Debatte und Entscheidungsfindung in der Corona-Krise weitgehend ohne die Beteiligung von Statistikern, Epidemiologen, Datenschützern und Datenethikern ablaufen ist [vor dem Hintergrund der von der Regierung Deutschlands selbst veranlassten Ausarbeitung von Qualitätskriterien des sorgfältigen Umgangs mit Daten] schwer nachvollziehbar."* Das ist dringend nachzuholen. Ansonsten bleibt der Verdacht: Man redet bzw. rechnet die Gefahr größer, als sie ist.

2. Ein Pferdefuß der gewählten Maßnahmen könnte sein, dass sie die Zeiten der fortgesetzten Bedrohtheit und damit des

---

17 In: *„Mangelhafte Datenkompetenz. Covid-19 und der Blindflug"*, 29.03.2020, *risknet.de/themen/risk*

(gemilderten) Ausnahmezustandes sehr lange hinausschieben. Wir wissen noch nicht, ob der Virus in den heißen Sommermonaten seine Aktivitäten reduzieren oder einstellen wird. Ist diese der Fall, dann könnten die ergriffenen Maßnahmen peu a peu gelockert oder ganz aufgehoben werden. Dann ist jedoch mit hoher Wahrscheinlichkeit damit zu rechnen, dass der Virus im Herbst zurückkommt. Da die langfristig erforderlichen Durchseuchungsraten eben aufgrund der strengen Maßnahmen aber noch lange nicht erreicht sind, müssen diese dann erneut in Kraft gesetzt werden. Wohl so lange, bis ein breitenwirksam einsetzbarer Impfstoff verfügbar ist. Damit ist nach Auskunft der Fachleute im besten in einem Jahr zu rechnen, eher später. Man kann sich vorstellen, welche Auswirkungen ein erneutes Hochfahren der Maßnahmen nach einer kurzen Zeit der Entspannung haben wird.

3. Damit kommen wir zur dritten Frage nach der Angemessenheit der Kosten. Es ist klar, dass sie eng mit der ersten zu tun hat, denn man muss zuerst einmal seriös vergleichen können, was uns die gewählte Strategie an Leid und an vermeidbaren Toden, geretteten Lebensspannen überhaupt bringen kann, um dann zu fragen, welchen Preis wir dafür bezahlen wollen. Manchen mag so ein Vergleich per se zynisch vorkommen. Wir müssten doch bereit sein, jeden Preis zu bezahlen, wenn es darum geht, Leben zu retten! Aber in Wirklichkeit verhält es sich nicht so. Wir bezahlen nicht jeden Preis, um den Hunger und gewisse andere vermeidbare, lebensverkürzende Übel auszurotten. Wir bezahlen nicht jeden Preis, um die kaum abschätzbar teure Dynamik des Klimawandels zu begrenzen, und da wird es langfristig Unmengen von vorzeitigen Toten geben. Wieso soll dann auf einmal die Forderung fraglos im Raum stehen, dass unsere Gesellschaft und wir einzelne „jeden Preis" zu zahlen bereit sein *müssen*, um SARS CoV 19 in Schach zu halten? Ich

würde diese Frage nach dem Preis nicht stellen, wenn der Virus das Tödlichkeitspotential hätte, sagen wir jeden zweiten Infizierten zu töten. Aber so tödlich ist dieser Virus nicht. Welchen Preis wollen wir also bezahlen?

Da müssen wir uns vergegenwärtigen, welche Sekundärschäden ein kurzfristiges, mittelfristiges oder langfristiges weitgehendes Shutdown wahrscheinlich haben wird. Die Frage hat viele Dimensionen, aber die ökonomische, politische und gesellschaftliche sind wahrscheinlich die vordringlichsten.

Mir fehlt das ökonomische Fachwissen, um alle Folgewirkungen im hochgradig vernetzten globalen System der Handelsströme zu ermessen. Aber ganz eingerostet ist meine Vorstellungskraft nicht. Es gibt die ungefähre Schätzung durch ein Wirtschaftsforschungsinstitut, dass jedes weitere Monat eines Shutdowns der gegenwärtigen Intensität[18] etwa drei Prozent des nationalen Wirtschaftswachstums kostet. Es lässt sich schwer vorhersagen, was passiert, wenn diese Maßnahmen sehr lange oder ein zweites und drittes Mal durchgezogen werden müssen. Es sind ja gleichzeitig viele andere Länder betroffen, die ebenfalls ihre Wirtschaftsaktivitäten drosseln. Das System des Handels ist hochgradig interdependent. Wie lange lassen sich Firmen am Leben halten, die ihre Produktion immer weiter herunterfahren müssen, weil die Nachfrage nachlässt? Was passiert mit dem Bankensystem, wenn es immer mehr Insolvenzen verkraften muss, wenn Vermögenswerte in den Portefeuilles schmelzen? Wie lange können die Ausfälle – auch die von Arbeitseinkommen – ausgeglichen und durch neue Kredite gestützt werden? Wer haftet im Zweifelsfall für wen? Falls das System nicht überhaupt an den Rand seines Funktionierens getrieben wird: Wer wird in Zukunft die enormen Kosten für Staatsausgaben tragen, die jetzt anfallen? Die Dringlichkeit dieser ökonomischen Fragen wird

18 Österreich, Woche zwei der allgemeinen Ausgangsbeschränkung

in der nächsten Zeit immer mehr ins Bewusstsein kommen und für
große Unruhe sorgen. Die gesellschaftlichen und politischen Kosten
werden wir in späteren Kapiteln gesondert betrachten.

Gibt es Anlass, dies oder jenes am eingeschlagenen Weg zu korrigieren? Wir müssen den Raum in Anspruch nehmen, uns mit diesen Fragen seriös auseinanderzusetzen. Welchen Preis sind wir bereit zu bezahlen, und welchen nicht? Man hat uns bisher nicht
gefragt. Aber es ist Zeit, dass wir uns als Bürger und Bürgerinnen
einbringen.

Es muss auch Raum geben für unorthodoxe Fragen und Beobachtungen. Mir fällt zum Beispiel auf, dass in den Situationsdar-
stellungen, Maßnahmenerklärungen und Ankündigungen noch
kein Vertreter der Politik und übrigens auch der Virologie darüber
gesprochen hat, dass es wichtig wäre, dass wir uns um ein gutes Immunsystem kümmern. Habe ich das überhört? Kam es doch einmal
vor? Jedenfalls ist das keine Agenda, auf die unsere Repräsentant*innen bislang Gewicht gelegt haben. Was macht unser Immunsystem eigentlich stark? Was macht uns kraftvoll und gesund?
Was könnte der Grund dafür sein, dass bei einer wahrscheinlich hohen Zahl von Infizierten SARS CoV 19 keinen Schaden anrichtet
und eine Infektionskrankheit nicht ausbricht? Gibt es womöglich
gute Vorbeugemaßnahmen? Kann man sein Immunsystem insgesamt pflegen und zum Summen bringen?

Bei dem allgemeinen Shutdown und den Maßnahmen des Social
Distancing, schrieb ich, könnte ja ganz allgemein der Eindruck entstehen, dass SARS CoV 19 enorm ansteckend sei, dass jeder Kontakt
damit schon per se etwas ganz Schlimmes sei. Dass das keineswegs
der Fall ist, zeigt eine Studie eines Dr. Qifang Bi[19]. Man wollte

---

19 : An der Johns Hopkins School of Health, Baltimore. Die Forscher*innen
    verwendeten Daten aus China. S.: *„Coronavirus Wie stark trifft es Kinder?"*,

anhand umfangreicher Kontaktdaten nachvollziehen, wie hoch eigentlich die Ansteckungswahrscheinlichkeit für Menschen war, die mit bereits Infizierten im intensiveren Kontakt waren. Für Personen, die im gleichen Haushalt lebten, lag die Rate bei 14,9%. Das widerspricht sehr klar dem Eindruck einer immensen Kontaktgefährlichkeit. Nur etwa jeder Siebente der Haushaltsangehörigen wurde angesteckt, obwohl diese doch viel Zeit zusammen verbrachten, als die infizierte Person schon ansteckend war. In der Gruppe der sonstigen engen Kontakte, dazu zählen Freund*innen, Kolleg*innen oder Mitreisende, lag das Risiko einer Übertragung bei 9%. Erweisen sich diese Zahlen als valid, so ergibt sich eine sehr interessante Schlussfolgerung: Man kann langen und intensiven Kontakt mit einer infizierten Person haben, ohne selbst automatisch infiziert zu werden. Ein ziemlich hoher Anteil der Menschen scheint überhaupt immun gegen eine Ansteckung zu sein. In diese Richtung muss weitergeforscht werden.

Ein weiterer Studienfall, zu dem genaue Zahlen vorliegen, betrifft die Geschichte des Kreuzfahrtschiffs *Diamond Princess*. Die Diamantenprinzessin beherbergte auch den blinden Passagier Corona, und dieser hatte genügend Zeit, sich in diversen menschlichen Körpern umzusehen und in alle Ecken und Winkel des Schiffes tragen zu lassen, bevor er dingfest gemacht wurde. Von den 3711 Personen an Bord, die meist schon zu den Älteren zählten (die Hälfte war über 60, ein Drittel über 70), wurden nur etwa 20% positiv getestet. Von diesen zeigten weniger als die Hälfte Symptome. 8 Personen starben.[20] Auch dieses Ergebnis scheint darauf hinzudeuten, dass viele Menschen sich trotz intensivem Kontakt nicht

---

scinexx.de

20 Die Zahlen entnehme ich dem Aufsatz „*The Coronation*" von Charles Eisenstein.

anstecken. Es wäre interessant, nach Merkmalen von Personengruppen zu suchen, die sich nicht anstecken.

8. Umdenken?

„Nicht sind die Leiden erkannte, nicht ist die Liebe gelernt, und was im Tod uns entfernt, ist nicht entschleiert." (Rainer Maria Rilke)

Ich schreibe aus der Realität des Vollzugs der über meinem Kopf beschlossenen Maßnahmen, schrieb ich. Ich denke über die Situation nach, über sie und ihre Gründe. Ich versuche zu verstehen, was passiert, und was das Potential ist – die Gefahren und die Chancen, die in dieser Situation stecken.

Offenbar stehen also die Regierungen unter Beobachtung und unter Zugzwang. Wer zu lange zögert, riskiert deutlich verschärfte Lagen etwas später. Auch die Bürger*innen stehen unter Kontrolle und Zwang – dem Reaktionszwang, sich aus bestimmten sozialen Interaktionen zurückzuziehen und ihr Leben den neuen Bedingungen anzupassen. So erleben wir, was mit einem Schlag plötzlich alles möglich ist an sozialer Re-Organisation unter Bedingungen des Ausnahmezustandes.

Es ist, als wäre man über Nacht Teil eines großen sozialen Experimentes geworden, eines Experiments in Real-Life und Real-Time. Der Ausgang des Experimentes ist offen. Er hängt nicht nur von den Regierungen und den Expert*innen (es scheint sich gegenwärtig allerdings fast ausschließlich um Männer zu handeln) ab, sondern auch davon, wie jede*r einzelne damit umgeht.

Wenn ich noch einmal nach der Ursache dieses Experimentes frage, so finde ich die Antwort: Wegen eines Virus. Der drohende Tod ist die Ursache unserer enormen Bemühungen, und der drohende Zusammenbruch sanitärer Einrichtungen, das drohende Chaos in den betroffenen Regionen, der drohende Legitimitätsverlust des schützenden Staates. Das ist eine ganze Verkettung der Ursachen. Offenbar hat der drohende Tod und die durch ihn verursachte Beunruhigung und Angst einen enorm hohen Stellenwert bekommen, er sitzt im Kern unserer Bemühungen, dem Schlimmsten zu entgehen. Wir blicken dem Tod ins Auge, aber wir schauen nur aus den Augenwinkeln.

Ich lese zurzeit nicht nur Rilke, sondern auch Gandhi, und da stoße ich mitunter auf die radikalsten Aussagen. *„Um den allgemeinen und alles durchdringenden Geist der Wahrheit von Angesicht zu Angesicht zu schauen, muss man fähig sein, das geringste Geschöpf zu lieben wie sich selbst."* Das erinnert mich an das, was wir unseren Mitgeschöpfen und dem dichtgewebten Netz des Lebens auf der Erde angetan haben und antun. In dem Moment, in dem *wir* nach Atem ringen, ist für diese Natur um uns eine Atempause eingetreten. Vielleicht auch für die Natur in uns?

Es gibt da den drohenden persönlichen Tod, der unweigerlich auf jeden Menschen zukommt, früher oder später. Früher oder später bezahlt jeder bewusste Mensch den Preis seines Lebens – mit seinem Leben. Dieser Tod ist unvermeidlich. Er ist eine Quelle von Angst und es ist uraltes menschliches Wissen, das Niederschlag gefunden hat in der großen Vielzahl von religiösen, spirituellen und Weisheitstraditionen, dass der einzelne und die kulturellen Kollektive gut beraten sind, sich dieser Realität des Todes voll bewusst zu stellen. Diese Angst ist ein Tor. Sie bringt uns unsere Sterblichkeit nahe und unsere Kraft. Vor diesem Tor nicht stehenzubleiben, durch dieses Tor zu gehen – nach einigem Zögern vielleicht - ist die Voraussetzung einer geistigen Wiedergeburt und einer geistigen

Souveränität, die diejenigen nie erlangen, die sich ihr Leben lang vor dem Tod verstecken.

Kleine, naturnah lebende Gruppen von Völkern, wenn sie diese Tradition noch bewahrt haben, muten ihren Mitgliedern an der Schwelle zum Erwachsensein die Erfahrung zu, sich alleine, ohne den Schutz des Stammes, dem großen Außen und dem großen Tod auszusetzen. Sie schicken ihre Jungen in der Initiationsphase – ein existentieller Ausnahmezustand – hinaus ins Freie, wo sie tagelang, manchmal ohne Wasser, Nahrung und Schlaf – ausharren müssen und eine außergewöhnliche Ungeschütztheit erfahren. Aber auch außergewöhnlichen Schutz. Sicher besteht die Gefahr, dass einige darin umkommen. Aber diese Ausgesetztheit in der Nähe des Todes ist auch eine außergewöhnliche, erschließende Erfahrung des großen Raumes der Natur, des Raumes der inneren und äußeren Geistigkeit und der Hilfen, die in extremer Lage von innen und außen zuströmen. Geistige Kräfte melden sich. Das ist auch die Zeit der Vision und oft die Zeit eines großen persönlichen Traumes, der dem weiteren Leben dieses einen Menschen seine spezielle Orientierung gibt. Es ist die Erfahrung eines Schutzes, der den Schutz des sozialen Kollektivs übersteigt. Es geschieht da eine Anbindung an höhere Kräfte, von denen das soziale Kollektiv, der Stamm letztendlich profitiert. Dies geschieht in dieser außergewöhnlichen Erfahrung, die eine Begegnung mit der Möglichkeit des eigenen Todes greifbar, fühlbar, existentiell einschließt.

Unsere Kulturen kennen diese Erfahrung zum großen Teil nicht mehr. Diese Aussage bedarf aber einer kleinen Korrektur. Für die, die noch in inniger Weise mit ihren Herkunftsreligionen identifiziert sind, bietet sich noch der Weg an einer engen geistigen Begleitung der religiösen Gründer und Helden, die, jede*r auf seine Weise, sich der Herausforderung des Todes stellen mussten. Sei es Jesus, der bewusst den Tod auf sich nimmt, Mohammed, der den

Ausschluss aus seiner Sippe und vielfache Todesdrohungen auf sich nimmt, Gautama, der als Asket an die Grenze des körperlich Erträglichen geht und später den Todesdämon Mara auslacht, und viele andere. Die Religionen bieten Stellvertreter für die intensive Erfahrung des Todes an, und an diesem Raum des Todes hängen auch noch die vielen religiösen Opfertraditionen. Ich kann das an dieser Stelle nur andeuten.[21]

Nicht unerwähnt bleiben soll an dieser Stelle das Gedenken der Ahnen, dort, wo es noch gepflegt wird. Und schließlich die Erfahrung der Frauen: Sie sind der Gefahr des Todes ausgesetzt in dem Moment, wo sie neuem Leben Geburt geben. Und umgekehrt die Männer, die in Kriegssituationen eingezogen werden, um anderen den Tod zu geben.
Das Wissen um den Tod bildet vielleicht den ursprünglichen Kern jeder Kultur. (Und wo bleibt das Leben?)

Viele Kulturwissenschaftler*innen und Philosoph*innen haben gezeigt, dass wir in einer Kultur bzw. Zivilisation leben, die die Realität des Todes nach Kräften verdrängt. Dazu gehört, dass man sich ins Getriebe stürzt und ganz auf das Weltliche konzentriert. Es scheint nur mehr darum zu gehen, dies weltliche Leben möglichst auszuschöpfen und in die Länge zu ziehen. Dies drückt sich ja nicht zuletzt im ökonomischen Wachstumsimperativ aus. Es ist, als hätte man aus dem Lebensganzen vor allem die jüngere Mitte herausgenommen und würde versuchen, diese immer mehr aufzublasen und nach allen Richtungen hin auszudehnen. Das ganz junge Offensein des Kindes, die Phase der äußeren Stagnation und inneren Reife der älteren Erwachsenen, das Abschiednehmen der Welt gegenüber und Transparentwerden ihrem Jenseits der ganz Alten wurde an

---

21Vgl. dafür Robert Schwarz, „Die Reise in den Islam", erscheint voraussichtlich im Herbst 2020.

den Rand gedrängt. Dies alles ist sehr summarisch ausgedrückt, aber ich glaube, es ist verständlich.

Alles in allem flüchten wir den Tod. Drückt sich das nicht auch in den empfundenen Zwängen dem Virus gegenüber und folglich ergriffenen Maßnahmen aus, die wir uns auferlegen (lassen), um die Bedrohung Corona so gut es nur irgendwie geht fernzuhalten?

Ich habe den persönlichen Tod erwähnt, auf den jede*r zwangsweise zugeht. Und darauf hingewiesen, dass das Faktum der bedrohlichen, angstmachenden Sterblichkeit kulturell verarbeitet wird. In unserer gegenwärtigen Zivilisation wird der Tod an den Rand geschoben. Er kommt aber von außen auf uns zurück. Ich spreche nicht nur von Corona, sondern von dem allgemeinen Bedrohungshorizont, mit dem wir gelernt haben zu leben und gegen den wir uns bisher – nicht alle, aber immer noch die meisten – abhärten und immunisieren, so gut es eben geht. Es handelt sich zum einen um den atomaren Bedrohungshorizont einer radikalen Selbstauslöschung durch eine kriegerische Eskalation, bei der es zu einem Schlagabtausch mit Atomwaffen kommt. Dieser Horizont liegt zwar nicht mehr im allgemeinen Bewusstseinsfokus, aber er ist deshalb noch nicht verschwunden, nur weil er medial nicht mehr intensiv verhandelt wird. Ein anderes Bedrohungsszenario ist an die Stelle des alten getreten, das nicht nur eine Möglichkeit, sondern eine schon stattfindende Wirklichkeit bedeutet. Bis vor kurzem wurde es wohl von den meisten Menschen als die größte Herausforderung betrachtet, die vor uns liegt. In der wir längst mitten drin sind. Ich meine das, was mit der Klimaveränderung und der massiven Übernutzung oder fahrlässigen Benutzung des Planeten durch den Menschen verbunden ist, diese große Bedrohtheit eines zivilisierten und wohltemperierten Zusammenlebens auf dem Planeten. Nach vielen verflossenen Jahren, in denen immer noch die

Stimmen der Leugner es schafften, den Eindruck zu erwecken, die Situation sei wissenschaftlich im Grunde ganz unklar, war den meisten Menschen nunmehr doch klar geworden, dass wir uns kollektiv dieser großen, kaum bewältigbar scheinenden Aufgabe wirklich stellen müssen. Nicht-Tun und abwarten ist doch kein Ausweg. Der Klimawandel als Todesdrohung ist allerdings nicht leicht fassbar. Es wird Hunderttausende und Millionen von Opfern geben, aber das kommt nur Schritt für Schritt und ist ein schleichender Prozess. Viele werden es viel, viel schlechter haben, andere werden sich nach Möglichkeit einigeln[22] oder glauben sogar auf Verbesserungen rechnen zu dürfen. Man wird nicht eindeutig zuordnen können, wer was falsch gemacht hat oder hätte tun müssen. Alle werden irgendwie betroffen sein, sind es teilweise schon, aber die Verteilung ist sehr ungleich, die Kausalitäten sind äußerst verwickelt und global vernetzt und verwickelt. Die Dimension dieses Horizontes ist jedenfalls viel größer und furchtbarer als diejenige Bedrohung, der wir uns dieser Tage fast ausschließlich widmen.

Zur allgemeinen Verdrängung des Todes gehört vor allem der Tod, den wir selbst zufügen. Nicht, weil wir Mörder*innen sind, aber als mitlaufende Teile eines Systems, das vielem die Luft abschnürt. Die Verluste sind jetzt schon ungeheuerlich. Ich greife einen einzigen heraus, als Pars pro toto: Die Biomasse fliegender Insekten hat in den letzten 27 Jahren in Deutschland um 76 Prozent abgenommen – und das in den Naturschutzgebieten.[23]

Hätten die Fledermäuse Rache gegen den Menschen ausgebrütet, es wäre nur allzu verständlich. Auch das Schuppentier – oder ein anderer Geheimagent – hätte seine Rolle gern gespielt. Und überhaupt die Viren – die hätten sich eine Gattung ausgesucht, die

---

22 Der Igel soll weiter unten noch eine prominente Rolle spielen.
23 *„Drastischer Insektenschwund in Deutschland"*, auf *scinexx.de*

den Angriff verdient. Verwunderlich nur, dass sie nicht mit härteren Mitteln, mit noch stärkeren Waffen angetreten sind. Es ist nicht so, dass ich tatsächlich so denken würde. Aber ich würde mit dem Kopf nicken, wenn ich von einem Feind hörte, der so vorgeht, und insgeheim würde ich mir eingestehen: Ja, ich verstehe diesen Angriff. Er ist wohl notwendig.

Ich bin ein Mensch und wünsche mir das Überleben meiner Gattung. Und nicht nur irgendein Überleben, sondern ein Leben in Fülle, in Schönheit und Wahrheit für alle. Aber ich wünsche mir auch, dass ich der Natur in mir keine Gewalt antun muss. Und ich wünsche mir Raum, Vielfalt und Prosperität für die äußere Natur. Durch meine Empfindlichkeit und Sensibilität bin ich mit allem verbunden. Ich möchte sie nicht abstumpfen müssen. Innen und außen bin ich, sind wir mit der Natur verbunden. Ich möchte, dass alles dafür getan wird, dass wir es schaffen können, mit der fahrlässigen, gemeingefährlichen Übernutzung des Planeten – die so viele Mitwesen an den Rand drängt und teilweise über die Kante der Auslöschung springen lässt – ein Ende zu machen. Klarerweise ist das ein Umdenk- und ein Umlernprozess, der seine Zeit benötigt. Aber ich will, dass er nicht weiter aufgeschoben wird. Ich will, dass wir alle uns dieser Notwendigkeit stellen. Ich bin bereit, meine Kraft dafür einzusetzen.

Zu diesem notwendigen Prozess gehört wohl eine Art von Erwachen, die schon längere Zeit im Gang ist. Dazu gehört ein Prozess der Trauer darüber, was wir – ohne es ausdrücklich zu wollen – der Natur um uns, auch der Natur in uns, antun und angetan haben. Hallo, möchte ich sagen, wacht endlich auf! Was not tut und was uns helfen kann ist eine Konfrontation mit dem Tod, auch dem den wir unwillentlich anderen zufügen - damit wir unsere große Macht endlich bewusst in Besitz nehmen können.

9. Corona

„Wo aber Gefahr ist, da wächst das Rettende auch." (Rainer Maria Rilke)

Bei den Recherchen zu diesem Essay bin ich auf zwei erstaunliche Koinzidenzen gestoßen, die ich Ihnen nicht vorenthalten möchte. Sie haben zu tun mit dem Namen, mit dem Wort „Corona". Zufälle haben manchmal etwas Erhellendes. Ich liebe Zufälle dieser Art. Das Wort Corona kann man ja mit „Kranz" und „Krone" übersetzen. Verliehen wurde es dem Virus aufgrund seines umkrönten Aussehens. Der Zufall will es, dass Corona auch der Name einer eher in Vergessenheit geratenen christlichen Heiligen und Märtyrerin ist. Jungfrau soll sie auch gewesen sein, aber das glaube ich nicht, sie war nämlich mit dem Hl. Victor liiert. Beide wurden hingerichtet, weil sie ihrem christlichen Glauben nicht abschwören wollten und wurden deshalb in den Kanon der christlichen Märtyrer aufgenommen.

Diese Hl. Corona ist die Schutzpatronin gegen Seuchen. Im christlichen Kontext wird also niemand etwas dagegen haben, wenn man die Hl. Corona anruft – als Hilfe gegen Corona. Das alleine ist amüsant, wäre aber für sich alleine kaum einer Randbemerkung wert. Für mein Nachsinnen über Corona ist diese Figur aber bedeutsam geworden durch die Art der Hinrichtung der 16-jährigen Corona. Sie wurde nämlich zwischen zwei Bäume gespannt – einmal sollen es zwei Palmen gewesen sein, andere Berichte sprechen von Lorbeerbäumen, wenn schon, dann glaube ich eher an die Palmen – die sich unter dem unnatürlichen Zwang so sehr so sehr biegen mussten, dass sie das Mädchen entzweirissen, als sie wieder zurück in ihre normale Haltung schnellten, waren die Halteseile erst einmal gekappt. Die Hl. Corona erlitt also den Tod des Entzweigerissenwerdens. Auf Bildern wird sie mit zwei Palmen oder Lorbeerbäumen an ihrer Seite als siegreiche Glaubenszeugin dargestellt.

Der Virus Corona zeugt meiner Ansicht nach von der großen Spannung zwischen zwei gangbaren Wegen, zwei möglichen Reaktionen auf die von ihm ausgelöste Bedrohung. Er ist der Verursacher einer Großlage, die die Geister scheidet. Davon wird noch die Rede sein.

Eine zweite Koinzidenz trifft meiner Ansicht nach ebenso sehr ins Schwarze. In einem *„Musicalischen Lexicon"* des Jahres 1732 wird Corona wie folgt definiert: *„Corona oder Coronata, also wird von den Italienern dieses Zeichen genennet, wenn es über gewissen Noten in allen Stimmen zugleich vorkommt, ein allgemeines Stillschweigen oder eine Pausam generalem bedeutet."*[24] Ich glaubte, meinen Ohren nicht trauen zu dürfen, als ich das hörte. Nein, um ehrlich zu sein, ich vernahm so etwas wie eine innere Zustimmung. „Corona" ist in der musikalischen Ordnung das, was eine Generalpause verursacht. Die Stimmen und die Instrumente halten gemeinsam eine Zeit der Stille ein. Genau das, was wir gegenwärtig im sozialen Leben erfahren. Ein anderes Lexikon aus 1865 ergänzt zur Fermate, das ist die synonyme Bezeichnung der Corona: *„Ein Ruhepunkt, der (...) die Bewegung des Taktes auf einige Zeit unterbricht, indem auf der betreffenden Note oder Pause etwas länger, als ihre eigentliche Geltung fordert, verweilt wird. Die*

---

24 *https://musikwissenschaften.de/lexikon/c/corona/*

Zeitdauer der Fermate (...) ist durch keine feste Regel bestimmt."[25]
Ich gebe zu, dass ich mich über diesen Zufall gefreut habe.

Denn genau das ist die Auswirkung, die die weltweite Ausbreitung
des Virus so vielen Ländern in verschiedenen Stufen und Verschär-
fungsgraden auferlegt, kein Zeitgenosse hätte es treffender auf den
Punkt bringen können: eine allgemeine Pause!

Die durch keine feste Regel bestimmt ist... etwas länger, als ihre
eigentliche Geltung fordert... Ich habe schon angedeutet, dass die
ungewisse Länge unseres Ausnahmezustandes mit einigen großen
Gefahren verbunden ist. Ebenso groß die Chancen. Kein Zufall ist
es, dass das chinesische Schriftzeichen für Krise – viele werden
schon davon gehört haben und halten die damit verbundene Le-
bensweisheit für eine abgelutschte Phrase, was aber nicht an der
Weisheit liegt, man darf sich ihren Gehalt ins Bewusstsein rufen –
dass das Schriftzeichen für Krise aus den beiden Zeichen für Gefahr
und für Chance zusammengesetzt ist.

Die Pause ist eine Zwangspause, gewiss. Aber da sie nun einmal
in Kraft getreten ist, unterbricht sie eine Menge von Routinen und
Abläufen. Dazu kommt noch die physische Abscheidung von den
Mitmenschen durch das Social Distancing. Nicht alle gleicherma-
ßen profitieren von dieser Pause, weil ja einige Berufsgruppen großen Belastungen ausgesetzt sind. Aber es sind dennoch sehr, sehr
viele gleichzeitig, die nun zuhause sitzen und auf einmal über sehr
viel Zeit verfügen, die nicht mit allen der gewöhnten Zerstreuungen
gefüllt werden kann. Dazu kommt ein allgemeines Gefühl der
Trauer um das zeitweilig Verlorene, das uns reizbar oder empfind-
sam macht und zuspitzt, und noch das geteilte Gefühl der kollektiven Bedrohtheit, das nach Auswegen suchen lässt. Die Pause
ist nicht sinnlos, wenn wir uns dafür entscheiden, dass sie sinnlos

---

25 *https://musikwissenschaften.de/lexikon/f/fermate/#koch1802*

nicht ist. Für viele Bedarfe und Bedürfnisse müssen andere Lösungen gesucht werden. Die Bewegung des gewöhnlichen Taktes ist für einige Zeit hin unterbrochen. Mehr noch, es macht sich die Einschätzung breit, dass es keine Rückkehr zum früheren Funktionieren geben wird können. Die Corona-Pause überspannt einen Abgrund, den wir noch nicht ermessen können.

10. Trennung

„...ich habe nur diese eine nötig: langes, langes Alleinsein, womöglich für immer." (Rainer Maria Rilke)

Und nun sitzen wir in unseren Wohnungen und warten, schrieb ich. Oder eilen nach getaner Arbeit nachhause. In meinem Land ist es derzeit so – da ich nicht in der Region sitze, in der verschärfte Quarantäne-Regeln gelten – dass von offizieller Seite Spaziergänge erlaubt sind. Das Kanzleramt appelliert, dies aber nur „in dringenden Fällen" zu tun. „Damit einem nicht die Decke auf den Kopf fällt" - so die Sprachregelung, die immer wieder zu hören ist. Jeder ist gehalten, sich an die Vorgaben zu halten. Adaptionen, Erleichterungen oder Verschärfungen der Gebote und Verbote, werden vorgenommen werden, wenn die Situation dies erfordert, heißt es.

Der Beginn der allgemeinen Ausgehbeschränkungen wurde im Nationalrat meines Landes so angekündigt: *„Die Österreicher und Österreicherinnen werden aufgefordert, sich selbst zu isolieren, das bedeutet soziale Kontakte ausschließlich mit jenen Menschen zu pflegen, mit denen sie zusammenleben."*

Selbstisolation ist das Gebot der Stunde. Die neue Formel der internationalen und nationalen Solidarität, wie Slavoj Zizek halb ironisch, dreiviertelt ernst bemerkte. Diesmal ist es ein Solidaritäts-Gebot, dem sich niemand ernstlich entziehen kann.

In Summe führt die Situation zu einer Erfahrung und Organisation von Trennung, wie wir das noch nicht erlebt haben. Früher war es Grund zu einer erschrockenen Selbstbefragung, ob ich so abstoßend bin oder jemanden unwissend beleidigt habe, wenn ein Mensch, der mir am Gehsteig entgegenkommt, fünf oder fünfzehn Meter vor mir die Straßenseite wechselt oder auf die Fahrbahn ausweicht. Gut, einmal, das hätte ein Zufall sein können. Aber wenn es regelmäßig passiert, hätte es mich in Selbstzweifel, die innere Suche nach dem, was mit mir nicht in Ordnung sein könnte und dann in Niedergeschlagenheit und schließlich eine paranoide Depression geführt. Heute passiert es regelmäßig. Es ist, als wären wir alle füreinander zu Parias geworden.

Aber während die indischen Unberührbaren immerhin gemeinsam eine deklassierte und ausgeschlossene Gruppe bilden, wo man unter sich durchaus eng verkehrt, so darf sich nun jede*r einzelne schon als soziales Atom, als Paria für sich alleine erleben. Ich bin ein recht sensibler Mensch und bemerkte binnen kurzem, wie sehr mir diese Situation zusetzte. Es wirkte sich körperlich aus, mein Körper schien an etwas zu leiden, was ich nicht recht benennen konnte. Mittlerweile gibt es ein allgemein bekanntes Wort dafür, schrieb ich: Social Distancing. Viele Einrichtungen, Vorrichtungen und Maßnahmen, die dem allgemeinen Schutz und der Bremsung der Ausbreitungsgeschwindigkeit des Virus dienen, sorgen gleichzeitig dafür, uns jetzt genau daran zu erinnern, das kontinuierlich fortzusetzen, was schmerzt: körperlich menschliche Nähe unbedingt zu vermeiden. Sich – wenn es irgendwie geht – aus dem Weg gehen.

Eine Freundin von mir unterrichtet an einer Schule. Auch jetzt noch, denn, wie sie mir berichtete, Kinder aus Familien, die sozial nur wenige Mittel haben oder die sehr wohlhabend sind, müssen ihre Kinder nach wie vor in die Schule schicken. Vielleicht haben Sie Bilder aus chinesischen Produktionsstätten gesehen, wo Arbeiter*innen genau auf den Schnittpunkten eines am Boden aufgeklebten Rasters sitzen, jeder mit einer Essensbox am Schoß, die ebenfalls in unterschiedliche Fächer aufgeteilt ist, damit die Speisen sich nicht vermischen. Ähnlich schilderte sie mir die Situation an der Schule. Manche Kinder können jetzt aufatmen, sagte sie, die nämlich, die an dem ganzen Herumgestoße und Herumgeschubse immer gelitten hatten. Manchmal zuckt aber auch ein Kind wirklich aus. Im Allgemeinen halten die Buben die Situation besser aus als die Mädchen, erzählte sie. Auch sie selbst zählt zu den Menschen, die Abstand brauchen und die sich immer danach gesehnt haben. Eigentlich müsste es jetzt für sie paradiesisch sein. Sie unterrichtet jetzt auch viel lieber als früher. An diesem Punkt, in der Generalpause der Corona, macht sie aber nun die überraschende Erfahrung, wie sehr sie sich nach menschlichem Kontakt sehnt. Die Sehnsucht ist gewaltig, verzehrend. Es ist, sagt sie, als hätte die deutlichere, nun möglichere, sogar erwünschte, sogar vorgeschriebene Isolation in ihr diese unter dem Wunsch nach Trennung und Abstand liegende Sehnsucht erst so richtig freigelegt.

Ich frage mich, wohin diese Erfahrung uns bringen wird, wenn sie fortdauert. Was sind die sozialen Folgen und Kosten der Maßnahmen und Auflagen unseres Ausnahmezustandes? Was bedeutet es für die Kinder, wenn ihnen vorenthalten wird, sich mit ihresgleichen so richtig auszutoben und zu spielen? Wenn dieses Bedürfnis nach imaginierten gemeinsamen Spiel-Welten, das Kindern ein schnelles gemeinsames Eintauchen erlaubt, nun auf virtuell gerasterte Ersatzwelten – wenig mobil vor dem Bildschirm – verwiesen wird. Womöglich über viele Monate. Was passiert mit den Menschen, die sonst auf Partnersuche wären, weil sie sich nach Zweisamkeit sehnen? Mit den Alten, für die menschlicher Kontakt und Hautberührung ganz besonders wichtig sind, weil sie Trost und Halt geben? Und mit allen anderen frustrierten Bedürfnissen nach direktem Kontakt, die ich hier nicht aufzähle? Ist dieser immense

Preis angemessen, vernünftig argumentierbar? Wie lange wollen wir ihn zahlen? Ja, wir werden jetzt auch Zeug*innen eines enormen sozialen Erfindungsreichtums, und es ist überraschend, welche Wege sich das Kontaktfreudige in uns sucht, um sich auszudrücken und Raum zu schaffen. Vorab muss dennoch darauf hingewiesen werden (dürfen), welchen Preis wir alle da bezahlen, indem wir die gewählte Maßnahme mittragen, deren Lockerung im Sommer nicht bedeutet, dass sie womöglich im kommenden Herbst und Winter wieder verschärft wird.

In meinem Bekanntenkreis waren alle bereit, sich an die Maßnahmen grosso modo zu halten. Den allermeisten Menschen ist klar – auch wenn es hie und da einen Bericht von einer Kellerparty gab – dass man mit Gefahren nicht spielt und sich Frivolitäten schon aus Höflichkeit anderen gegenüber verbieten. Selbst wenn man persönlich keine Angst vor einer Ansteckung hat. Frivolitäten blühten in der Zeit der Pest, aber da stand der allgemeine Tod ja wirklich vor der Tür. Für unsere Situation gebe ich zu bedenken, dass man uns die Bedingungen des Ausnahmezustandes zunächst nur für zwei oder drei Wochen auferlegte. Danach, so hieß es, würde man die Effizienz dieser Maßnahmen und die Notwendigkeit einer Verlängerung prüfen. Drei Woche, da sagt man innerlich ja, man hat ja sowieso keine Wahl. Was bedeutet es aber, wenn eine so drastische Maßnahme wieder und wieder verlängert wird, schrieb ich, in eine unbestimmte Zukunft hinein? Werden die sozialen Kosten nicht irgendwann zu hoch? Ich nahm einen Betrug wahr, einen leichten, ein Teil von mir konnte diesen taktischen Betrug auch nachvollziehen, und doch fühlte ich mich betrogen, ein Teil von mir fühlte sich vor den Kopf gestoßen und hinters Licht geführt und behandelt wie ein Unmündiger. Werden wir noch einmal gefragt werden, ob und wie weit wir das mittragen wollen?

11. Konformität

„Die eigentliche Pandemie ist die Angst vor ihr." (Volksweisheit)

Die Maßnahmen blieben wirkungslos, wenn sich die Bürger*innen nicht daran halten würden. Der Vollzug von dem, was ihnen auferlegt wird, ist eine nicht zu unterschätzende Leistung. Offensichtlich erleben wir, schrieb ich, gerade eine Welle der Hilfsbereitschaft und Fürsorglichkeit füreinander, und dies wurde auch öffentlich anerkannt und wertgeschätzt. Seuchen, Kriege und Katastrophen erinnern Menschen an ihre Verletzlichkeit und an den Wert der schützenden Gemeinschaft. Wahrscheinlich ist Ihnen aufgefallen, dass diese Gemeinschaften jetzt auch in Europa wieder national gesehen werden, was ja unterstrichen wurde durch das Schließen der Grenzen und die weltweiten Rückholaktionen von Staatsangehörigen. Menschen wurden dringend aufgefordert, „jetzt nach Hause" zu kommen. Parallel zum Social Distancing rückt man kollektiv zusammen. Und das bringt wiederum die Bedürftigkeit, die Bedrohtheit und die Wärme des Kollektivs in den Fokus. Die Gesamtheit der Maßnahmen hat dafür gesorgt, so schrieb ich, dass auch wirklich allen klar geworden ist: Die Krise ist unverdrängbar da, und sie ist das, was uns in die Ausnahmesituation drängt. Und die Ausnahmesituation wiederum in die verallgemeinerte Krise. Wer könnte die neue Normativität – das „neue Normal"[26] – leugnen?

---

26 Ich konnte nicht mit Sicherheit eruieren, wer diesen Ausdruck geprägt hat, aber offenbar ist er schon länger im Umlauf: In *„Aktien für die Ewigkeit"* schreibt Jeremy Siegel, dass die Chefs der *„riesigen Investmentfirma PIMCO 2009 den Ausdruck New Normal geprägt (haben), um ein Umfeld zu beschreiben, in dem das Wirtschaftswachstum in den USA auf ein bis zwei Prozent sinken wird, weit unter dem Durchschnitt von drei Prozent*

Ich finde es übrigens sehr spannend, dass es in dieser Entwicklung so etwas wie *Schwellen* gibt, die den alten Zustand der Gesellschaft vom neuen trennen. Der Prozess ist nicht kontinuierlich oder natürlich, sondern er hat mit den gesetzten Maßnahmen zu tun. China als das erste betroffene Land liefert ein gutes Beispiel: *„Vor der sieben Wochen andauernden Ausgangssperre wurde das Coronavirus und seine Folgen nicht ernst genommen, die Berichte zu den ersten infizierten Patienten blieben noch unterhalb der Wahrnehmungsschwelle. Die freiwillige Selbstquarantäne war zwecklos, die Menschen gingen dennoch spazieren oder trafen Freunde, was zu einer weiteren Verbreitung führte.“*[27] Warum ist das so? Nicht deshalb, weil die Menschen eben unvernünftig und fahrlässig wären, sondern weil unser Bewusstsein zunächst an den Deutungsmustern festhält, die ihm vertraut sind. In diesen ersten Wochen konnte eben jede*r für sich noch mit relativ wenig Aufwand den Eindruck aufrechterhalten, *alles* wäre *normal*, so wie immer, nur dass eine gewisse Zahl von Leuten an einer grippeähnlichen Krankheit erkrankt waren, über die man noch nicht viel wusste. Und so war es auch! Das war die alte Normalität.

Dann wurden auf einen Schlag sehr drastische Maßnahmen verhängt. Der Ausnahmezustand verlangte zwingend ein neues Bewusstsein der Realität. Man sah und spürte und dachte es jeden Tag, dass nun *alles anders* war. Und so war es auch! Man war gezwungen, sind anders zu verhalten und anders zu denken. Das war die neue Normalität.

Ich kann mich erinnern, für mich Nachrichtenkonsumenten wirkte das damals von außen noch wie eine - alptraumhafte –

Fiktion. Es war noch nicht „normal", nicht Teil meiner Welt. Und dann brach diese Annahme zusammen. Wir haben beobachtet, dass die Nachrichten und die Kommunikation – die täglich verlautbarten Zahlenkolonnen - eine essentielle Rolle dabei spielen, einen bestimmten Bewusstseinszustand zu erzeugen und aufrechtzuerhalten. Dazu kommen drastische Bilder und Details. Und dann die Maßnahmen. Ab einem bestimmten Zeitpunkt betonte die chinesische Regierung in einer Nachrichten-Dauerschleife die Notwendigkeit eines großen gemeinsamen Kraftaktes und eines nationalen Schulterschlusses, um den Kampf gegen den Virus zu gewinnen. Und setzte das mit allen zur Verfügung stehenden Mitteln auch durch. Wie es in China nach dieser großen „nationalen Anstrengung" aussieht, welche Gestalt das „Neue Normal" in China angenommen hat, nämlich eine erschreckende, darauf werde ich im Abschnitt über die politischen Gefahren zurückkommen.

Halten wir die wichtigste Beobachtung hier fest: Die Erklärung des Ausnahmezustandes und was daraus folgt *schafft* den Ausnahmezustand[28]. Dessen Durchsetzung macht ihn *wirklich*, nämlich in beiden Bedeutungen des Wortes wirklich: zum einen wirksam, zum anderen „real". Der Ausnahmezustand ist kein „natürlicher Zustand". Er ist niemals „selbstverständlich" oder, wie man meinen könnte „weil das jetzt eben so ist". Nein, dieser Eindruck ist grundfalsch, weil er diesen Zustand vom Ergebnis her einordnet und ihn

---

28 Ich möchte anmerken, dass ich diesen Begriff nicht im bloß juristischen Sinn verwende, sondern in einem allgemeinen Sinn, den jede*r verstehen wird. Aber dadurch werden eben zwei Bedeutungen sichtbar: Zum einen ist es ein durch einen politischen Akt erklärter neuer juristischer und administrativer Zustand (I). Zum anderen ein Zustand der Ausnahme, der von allen ganz direkt erlebt wird (II). Ähnlich wie beim berühmten Henne-Ei Problem, aber eher aufdröselbar, kann man sich dann fragen, was denn früher kam: Der Ausnahmezustand oder der Ausnahmezustand? Es lohnt sich darauf zu achten, inwieweit das Verhalten der Staaten (I) den Zustand der Ausnahme (II) (mit)verursacht. Umgekehrt kann man fragen, worauf die Staatenlenker*innen denn genau blickten, auf welches Ausnahmeszenario, und welche *Vorstellungen* sie dazu veranlassten, den Ausnahmezustand (I) einzuleiten.

dadurch normalisiert. Aber der Ausnahmezustand ist eben nicht normal. Und – das ergänze ich jetzt – er muss auch wieder *aufgehoben* werden, wenn er verschwinden soll.

Noch etwas sollte uns in diesem Zusammenhang zu denken geben: Wenn wir etwas einmal als „So ist es!" angenommen haben, dann neigt unser Bewusstsein dazu, daran festzuhalten.

Von einem Tag auf den anderen gingen die Menschen in Wuhan also doch nicht mehr spazieren wie es ihnen gerade gefiel, weil es aufgrund des Ausnahmezustandes untersagt war. Alles war plötzlich anders. Wir in Europa erlebten Ähnliches, freilich unter weniger zugriffsmächtigen politischen Bedingungen, in einem demokratischen Rahmen. Plötzlich musste der Virus von allen ernst genommen werden.

Was passiert mit der Masse der Menschen in einer solchen Ausnahmesituation, wo bestimmte Verhaltenseinschränkungen und Verhaltenskonformität allen auferlegt wird? Vor allem dann, wenn zunehmend Angst ins Spiel kommt? Diese Angst ist ja plötzlich vervielfältigt: Da gibt es eine reale Angst vor Infektion und den möglichen Folgen, die vorher bis zu einem gewissen Grad auch schon existierte, jetzt aber im Fokus des Staates und der ganzen Gesellschaft steht. Das gleicht einem Gang durchs Spiegelhaus: Auf jeder Spiegelfläche steht: Pass auf, dass du nicht infiziert wirst oder infizierst! Halte dich an die Regeln! Da kommt also die Angst dazu, ob man die Regeln wohl richtig anwendet, so wie ein Register möglicher Sünden das Gefühl der potentiellen Sündhaftigkeit des eigenen Verhaltens erhöht. Ein Mensch, der so ein Sündenregister ernst nimmt, kann sich sehr sündig vorkommen, obwohl er nach allgemeinen Maßstäben ein tadelloses Leben führt. Sigmund Freud hat diesen Mechanismus der Schuld- und Angststeigerung beschrieben. Wenn man in so einer Falle des strengen Zwangs zur

Verhaltenskorrektheit erst einmal steckt, dann wird die Welt tendenziell immer enger. Dazu kommt die Angst vor Überwachung durch andere oder vor der Obrigkeit, wenn man sich einmal nicht genau an die Regeln hält. Vielleicht auch eine Angst vor eigenen Impulsen, die dazu verleiten würden, die Maßnahmen nicht einzuhalten. Die muss man jetzt kontrollieren. Schließlich nimmt der Zwang zum Abstandhalten psychischen Ängsten auch Möglichkeiten der Entspannung weg, auch das ist ein Faktor, der die Angstmenge wachsen lässt. Das möchte ich später gesondert betrachten.

Kurz und griffig lassen sich die Mechanismen der Angstkonzentration so zusammenfassen: Je ängstlicher ein Mensch oder eine Gesellschaft wird, desto mehr Gründe findet er/sie, Angst zu haben. Es kommt in so einer Situation auf die Fähigkeit einer Gruppe an, ihre Ängste und Fluchtneigungen bewusst zu verarbeiten. *„Je reifer die Gruppe, desto niedriger das Angstpotential.“*[29] Unreifes oder panisches Verhalten liegt dann von, wenn der Drang sehr stark wird, die eigene Ausgesetztheit aufzugeben für die Vorstellung, in einer geschützten Masse aufzugehen. *„Hat sich so eine Masse gebildet, folgt sie nahezu unbedingt jedem Führer, der ihr suggerieren kann, er sei ihr Heilsbringer, ihr Schutz vor der Gefahr genauso wie vor ihrem Zerfall.“* Die damit einhergehende Verengung der Sichtweise auf nur mehr eine Wahrheit hat zur Folge, dass *„Abweichlertum“* sanktioniert wird. Eine solche Masse kann gegebenenfalls auch gut auf einen äußeren Feind eingeschworen werden.

Ich beobachte gegenwärtig einen Zwang zur Konformität, der über das gemeinsame Einhalten von Regeln hinausgeht, schrieb ich. Das bereitet mir Sorgen. Wenn man die allgemein erzählte Corona-Geschichte, die von der ständig großen Bedrohung durch den Virus ausgeht, in den großen Medien auch nicht mit

---

29 So der Psychologe Harald Haas in: *„Corona-Kampf statt Bürgerrechte: „Der normale Mensch wird gefährlich““*, 23.03.2020, *addendum.org*

Argumenten, kritischen Hinweisen, Zahlen und Fakten in Frage und zur Diskussion stellen darf, dann sehe ich da einen Konformismus am Werk, der auch Anspruch auf das Denken macht. Es stellt sich die Frage, ob das Festhalten an bestimmten Bedrohungs-Szenarien nicht schon die Form einer *verordneten Realitätssicht* angenommen hat, an der man einfach nicht zu zweifeln hat. Für welche Interessen ist es eigentlich vorteilhaft, so einen äußeren Anlass wie diesen Virus zu haben, frage ich mich, schrieb ich. Unzumutbar und auch gefährlich finde ich eine Obrigkeit und mit ihr kooperierende Medien, die vorgeben, wie man zu denken hat und wie nicht. Wir befinden uns schließlich nicht im Krieg. Ich bin nicht bereit, auf meine eigene Urteilsfähigkeit zu verzichten. Und ich möchte niemals in einem Staat leben, der mir das abnimmt.

Wenn eine Gesellschaft in die Richtung einer Homogenisierung vor einem äußeren Feind driftet, wird Kritik immer schwieriger. Außerdem beginnen sich Menschen im Zeichen der Konformität gegenseitig zu überwachen. Je mehr Kontrolle einzelne sich aufdrücken lassen, desto mehr neigen sie dazu, anderen gegenüber aggressiv aufzutreten, die das nicht tun. So wurde aus italienischen Internetforen zur Zeit der striktesten Maßnahmen berichtet: *„Die Leute werden wie die Bestien, wenn sie da dann dort schreiben, wer es gerade wieder gewagt hätte, raus zu gehen und wünschen sich endlich mehr Militär, um diese Leute zu stoppen."* Aus dieser Erfahrung wird eine düstere Prognose abgeleitet: *„Nach diesem Abschnitt unserer Menschheitsgeschichte wird es noch weniger Freigeister geben, noch weniger Menschen die sich kritisch äußern werden, sie alle werden nur noch froh sein, dass die Regierung die richtigen Maßnahmen getroffen haben, um viele Menschen das Leben zu retten und keiner wird dann noch an der Unfehlbarkeit der Regierung zweifeln. Sie alle sehnen sich nach Normalität und werden jeden Vorschlag der Regierenden akzeptieren."* Und ein

Freund aus Frankreich schrieb mir: „*Unglaublich, wie kopflos manche rumrennen. Das ganze System beruht auf Angst und Belohnung fürs Stöckchenbringen. Es wird mir alles noch fremder. Ich sehe das Scheitern des Individuums, somit der Gesellschaft und auch dessen, was man als Demokratie betrachtet. Sie wollen alle, dass es wieder so wird, wie es vorher war. Deswegen hocken sie auch brav zuhause.*" Angst kann eine unterwürfige Art von Konformität erzeugen. Diese Art von Konformität erstickt zuerst den freien Geist und dann die Freiheit selbst. Der Angst kommt zweifellos eine Schlüsselrolle zu. Sie macht Menschen engstirnig, egoistisch und bereit, ihre eigene Urteilsfähigkeit an andere abzugeben.

Je wichtiger den Menschen andererseits ihre Freiheit und Autonomie ist, Freundlichkeit, Großzügigkeit und Mut, nicht zuletzt das eigene vorurteilslose Denken, desto eher werden sie sich gegen solche Zumutungen wehren.

Mir scheint, dass sich in extremen Situationen wie der unsrigen die Geister trennen. Es ist wie mit der Hl. Corona zwischen den beiden Palmen. Auf der einen Seite steht die Angst, auf der anderen das, was sich ihr widersetzt. Werden wir diesen Konflikt lösen können, ohne dass es uns oder unsere Gesellschaften auseinanderreißt?

12. Leben / Sterben

„Nur vom Tode her (…), nur vom Tode her – lässt sich der Liebe gerecht werden." (Rainer Maria Rilke)

In Wirklichkeit hängt der Wert dieses Lebens mit dem Tod innig zusammen. Lebenlernen ist Sterbenlernen, und ein Leben, das sich in Angst vor dem Tod verschließt, verpasst etwas Wesentliches an sich selber und geht in die Verminderung.

Eins solche Aussage ist nicht leicht zu fassen und anzunehmen. Es ist klar, dass die Furcht vor dem Tod riesengroß ist. Nicht bei Tieren, auch wenn alles in ihnen daraufhin angelegt ist, um das Leben zu ringen. Das Leben muss sich nämlich Raum nehmen und dabei gegen anderes behaupten. Dieser Raum muss vorhanden sein, er muss behauptet werden. Sonst hört das Leben wieder auf. Aber es ist sicher nicht zutreffend, dies Geschehen des Lebens nur mit dem Ausdruck „Kampf" zu beschreiben. Passender sind Ereignis, Abenteuer, Spiel. Das Leben zeigt viele Seiten, und wenn darin nicht Freude, Lust und Freiheit zum Zuge kämen oder als inneres Potential des Lebens ahnbar wären, würden wir nicht so sehr daran hängen. Es ist also nicht nur unsere „blinder" Instinkt, der uns sagt, dass das Leben etwas ungemein Kostbares ist, sondern es ist auch direkte Erfahrung. Ich bin mir sicher, dass das in jedem Leben so ist. Auch wenn das konkrete Lebens eines bestimmten Menschen, oder einer ganzen sozialen Gruppe in einer bestimmten Epoche, in der vielleicht die grausamste Unterdrückung herrscht, düster und verhangen ist, so werden auch diese Menschen ihre Momente erleben, wo ihnen völlig evident ist, dass das Leben eine

Berührungskraft hat, die einfach hinreißend ist. So ist das Potential des Lebens, seine innere Lebendigkeit. Das schließt natürlich nicht aus, dass ein einzelner oder eine ganze Gruppe, die keine Hoffnung mehr sieht und nicht mehr darauf vertraut, dass der Zugang zu dieser erfüllenden Lebendigkeit gefunden werden kann, sich dafür entscheidet, ein letztes Mal gegen das Leben anzutreten. Das ist die Fähigkeit des Geistes, der selbst ein Teil von Leben ist: Wir können aus einer gewissen Distanz auf das Leben schauen und uns auch dagegen entscheiden.

In den letzten Jahren hatte ich manchmal den Verdacht, dass die menschliche Gattung als ein Kollektiv genau diesen Weg eingeschlagen hat. Vielleicht nicht bewusst. Aber wie ist es möglich, dass wir sehenden Auges weiterhin zulassen können, dass wir uns systematisch und Schritt für Schritt die eigenen Lebensgrundlagen abgraben? Wieso reagieren wir auf die gut begründeten, sehr wahrscheinlichen Prognosen und Szenarien des Klimawandels und der Umweltzerstörung nicht adäquat, die doch deutlich zeigen, dass wir die Bedingungen für ein gutes menschliches Leben langfristig schwieriger machen, dabei viele Millionen Tote in Kauf nehmend, die langsam umkommen werden und sich vor den Mauern versammeln werden, hinter denen schwerbewaffnete, vielleicht faschistische oder totalitäre Gemeinschaften ihre Ressourcen verteidigen werden? Wieso mangelt es uns so sehr an Vorstellungskraft? Sind wir von allen guten Geistern verlassen? Und wieso mangelt es uns an Sympathie für das Leben um uns herum, das wir in Mitleidenschaft ziehen und wo wir seit einiger Zeit die Ursache für ein großes Sterben sind, das immer noch zunimmt? Warum fühlen wir uns diesen Mitwesen so wenig verbunden? Wieso glauben wir, das kann gutgehen, wenn wir durch die Vergiftung von Boden, Wasser und Luft sowie die immer weitergehende Reduzierung freier

Naturräume z.B. schon einen Rückgang der Biomasse der Insekten von 70% zu verzeichnen haben, die doch in der Nahrungskette für andere Lebewesen wichtig sind? Wieso glauben wir immer noch, dass uns die Technik schon irgendwie retten wird? Wieso stellen wir uns dem, was wir doch wahrnehmen, nicht?

In einer gewissen Weise sind wir selbst das Problem. Wir und die Systeme unseres Funktionierens, die uns so „stark" und erfolgreich gemacht haben. Und ich frage mich, ob viele intelligente Menschen, die diese Bedrohung sehen können – von den anderen rede ich nicht – nicht insgeheim schon aufgegeben haben oder in eine Art von innerer Schizophrenie abgedriftet sind, wo ein Teil weiterhin so tut, als wäre alles normal und als könnten wir unser Leben im Wesentlichen genau so fortsetzen, wie es ist, mit ein paar kosmetischen Korrekturen. Und ich fragte mich in den letzten Jahren, ob wir nicht auf irgend einer tiefen Ebene eines kollektiven Geistes, wenn es so etwas gibt, dem Todestrieb folgen, aus einem dumpfen Schuldgefühl heraus vielleicht, und weil wir es nicht mehr schaffen, eine schönere Vision vom Sein des Menschen aufrechtzuerhalten als diejenige des Verbrauchers, der zuletzt noch die Grundlagen seines eigenen Lebens verbraucht.

Aber diese eine Seite, wenn ich sie hier annähernd richtig erfasse, diese Einwilligung in den kollektiven Tod, das kann nicht offen zugegeben werden. Denn die andere Seite hält ja um so verbissener fest am Lebenwollen, am Produzieren, Konsumieren und am Sammeln von Kontakten und Erlebnissen und an all dem, woraus ein Leben, das ja nichts verpassen will, eben so besteht. Diese affirmative Seite glaubt jetzt sogar, sie habe ein umso größeres Recht, noch schnell alles zu durchleben, wo der Widerstand gegen die Lebenszerstörung sowieso schon zur Seite gedrängt und die Einwilligung ins Schlimme schon erfolgt ist. Ich fragte mich manchmal, ob dies nicht das genaueste Bild unserer Situation ist.

Wir verhalten uns so, als würden wir das Leben nicht besonders lieben. Aber jetzt ist ein Unterschied zu machen: Das eigene Leben lieben die meisten Menschen schon. An dem hängen sie, als wäre es das Letzte, was sie haben.

Ich frage mich, ob daraus diese seltsame, irrationale Verzerrung in unseren Zugängen einer Antwort auf das Corona-Virus zu erklären ist. Denn eines sollte mittlerweile klar geworden sein: Der Preis, den wir dafür zahlen, dass wir der Zielausrichtung folgen, durch dermaßen stark in unser soziales und ökonomisches Leben eingreifende Maßnahmen die Verbreitung des Virus unbedingt einzudämmen, ist gewaltig groß, so groß, dass wir dafür sogar riskieren, eine noch nicht dagewesene ökonomische Krise mit allen ihren Folgen auszulösen. Ich muss das hier nicht wiederholen. Diese Rechnung scheint ohne alles Maß zu sein. Wir verhalten uns so, als wäre der Tod völlig unakzeptabel, als müssten wir alles nur Menschenmögliche tun, um ihn möglichst zu verhindern – und verdrängen dabei, dass unsere Maßnahmen selbst gegen das Leben gerichtet sind und durch das, was sie auslösen können, eine größere Masse an Tod und Zerstörung auslösen werden, als sie verhindern. Dieser andere Tod wird nicht so spektakulär sein wie es die Bilder von vollgestopften Intensivstationen sind, aber selbstverständlich drückt eine allgemeine Verarmung die jetzt schon Armen und die neu Dazukommenden so weit in noch schlechtere Bedingungen, dass jede*r von ihnen mit Jahren seines Lebens bezahlen wird. Das wird ab einem bestimmten Schweregrad der Rezession in Summe mehr sein, als jetzt an Nicht-Toden eingespart wird. Solche Zusammenhänge sind schwerer zu vermitteln als die Bilder, die jetzt in den Zeitungen sind, es vermögen. Aber das ist noch nicht alles, unsere

Maßnahmen, um den Tod einzudämmen, den wir offenbar so fürchten, greifen möglicherweise so zerstörerisch in unser soziales und politisches Leben ein, dass auch hier die allgemeine Qualität des Lebens langfristig in Mitleidenschaft gezogen werden könnte.

Das alles ist jenseits der Rationalität. So, und jetzt sage ich trotzdem, was ich schön finde an unserer Art, auf die Corona-Bedrohung zu reagieren. Die schöne Seite ist, dass wir uns mit einem Mal so sehr um das Leben unserer Alten sorgen. Das ist eine neue Qualität, und das berührt viele. Vielleicht deutet das eine Art von Wendepunkt an. Wir sind ja wirklich im Dilemma! Wir wollen retten, und wir sind bereit, einen hohen Preis dafür zu bezahlen. Sind wir nicht alle alt (in dieser bedrohlichen Gesamtsituation, die uns als Gattung bedroht), und werden es auch physisch sein? Noch nie hat man so viel getan für die Alten. Es trifft auch Jüngere, ja, aber im Wesentlichen betreiben wir den ganzen Aufwand für die eindeutige Risikogruppe der sehr Alten und jetzt schon Kranken. Plötzlich ist es möglich, dass für diese Gruppe „fast alles" getan wird. Das Alter wird in unserer Kultur seit langer Zeit systematisch missachtet, das Thema ist so groß, dass es eine eigene Abhandlung bräuchte... Und überhaupt ist es berührend, aus menschlicher Sympathie und Anteilnahme für *jedes* Leben zu kämpfen, das gerettet werden kann. Also diese Seite an der ganzen Geschichte sehe ich und möchte ich anerkennen. Aber diese größere Menge an noch ein paar weiteren Jahren, die wir durch unseren kollektiven Einsatz diesen unseren alten Angehörigen ermöglichen, muss gerade aus Gründen der Menschlichkeit auch wiederum abgewogen werden gegen das große Leid, das dadurch entsteht, dass alle sehr alten und pflegebedürftigen Menschen unserer Kollektive im Moment auf den so nährenden und tröstenden Körperkontakt durch Angehörige und Pflegende verzichten müssen, und es fragt sich, ob dieses Faktum des

Berührungsverlustes – Berührung ist ein Inbegriff von Leben – nicht seinerseits die Leben dieser Alten mehr verkürzt, als es die Leben auf der anderen Seite verlängert.[30]

Ich schätze diesen Moment der plötzlich sichtbaren Solidarität mit den Alten, aber ich kann auf der anderen Seite nicht glauben, dass das der alleinige Grund ist, warum wir mit der Herausforderung Corona so umgehen, wie wir es tun.

Dahinter steckt noch viel mehr. Ein Freund von mir meinte, unser System würde nicht so fahrlässig irrational reagieren, wenn es nicht selbst in sich schon die Bereitschaft hätte, sich radikal zu ändern beziehungsweise „zu sterben", zugrunde zu gehen. So etwas kann man natürlich nicht „beweisen". Man kann nur abwarten, was passiert. Am meisten berührt mich eine Aussage wie die folgende: „Nur weil ihr lebt, bildet ihr euch ein, alles sei erlaubt. Aber das ist ein Fehlschluss. Wenn ihr jahrelang daran gearbeitet habt, euren Ehrgeiz zufrieden zu stellen, stellt ihr eines Tages fest, dass ihr so erschöpft, so übersättigt seid, dass euch – wenn ihr das Gewonnene dem Verlorenen gegenüberstellt – klar wird, dass ihr fast alles verloren, dafür aber sehr wenig gewonnen habt. Viele Leute sagen sich: „Da ich Lebensenergien habe, kann ich sie einsetzen, wie ich will, um das zu erhalten, was ich mir wünsche: Geld, Vergnügungen, Wissen, Ruhm..." Dann schöpfen und schöpfen Sie aus ihren Reserven, und wenn ihnen fast nichts mehr übrigbleibt, sind sie gezwungen, all ihre Aktivitäten einzustellen. So zu handeln ist sinnlos, weil man mit der Lebenskraft alles verliert. Das Wichtigste ist das

---

30 So äußert sich im Dossier der *Zeit* vom 2.4.20 über die Situation ihres Altersheimes deren Leiterin: „In der vergangenen Woche (...) sei in ihrem Heim täglich ein Bewohner gestorben [Anm.: im Artikel wird die Gesamtzahl von 78 Bewohnern genannt], manchmal waren es sogar zwei. Dass es am Ende des Winters, wenn die Grippesaison ihren Höhepunkt erreicht, mehr Todesfälle gebe als sonst, sei normal. Aber derart viele Bewohner, denen innerhalb derart kurzer Zeit die Lebenskraft schwindet, das habe sie noch nie erlebt."

Leben, und ihr solltet es daher beschützen, reinigen und stärken und alles beseitigen, was es behindert oder blockiert, denn dank des Lebens erhaltet ihr Gesundheit, Schönheit, Kraft, Intelligenz, Liebe und wahren Reichtum.“[31]

Was ich stattdessen bei uns am Werk sehe, ist ein sich vor dieser Offenheit verschließender Egoismus des Lebens. „Mein Leben“ scheint plötzlich viel, viel wichtiger zu sein als „das Leben“ im Allgemeinen. Wir klammern uns an Mein Leben, als wäre das ein Wert an sich. Die andere Seite davon ist, dass wir dem Tod nicht mehr ins Auge sehen wollen. Mir scheint, wir verleugnen auch kollektiv die Notwendigkeit, dass das Alte – nämlich: unsere alte, kurzsichtige Art, als Gattung auf diesem Planeten maßlos zu schalten und zu walten – nicht mehr viel länger am Leben zu erhalten ist und sterben wird müssen. Dies wollen wir nicht wahrhaben. Das ist meine systemische Deutung des irrationalen Faktors an unserer kollektiven Reaktion auf die Corona-Situation. Wir wollen dem eigenen drohenden Tod nicht ins Auge sehen – und vergessen dabei, dass der Durchgang durch diesen Tod notwendig ist, um die Chance auf eine Weiterführung und Erneuerung unseres Lebens zu bekommen.

Der Tod ist Teil des Lebens. Auf der Ebene des biologischen Fatalismus ist das sowieso klar. Es braucht aber für ein bewusstes und würdevolles, für ein stolzes und klares Leben den Mut und die geistige Kraft, dies voll zur Kenntnis zu nehmen und zu bejahen. Was wenige Menschen wissen und bedenken ist, dass vom in den Blick genommenen eigenen Tod Schönheit und Würde ausgeht. Wir müssen uns dann vor dem Tod nicht mehr verstecken und uns in uns zusammenkrümmen. Die Anerkennung des Todes ist auch eine

---

31 *„Goldene Regeln für den Alltag“*, von Omraam Mikhael Aivanhov, *aivanhov.de*

Anerkennung des größeren Ganzen, von dem ich als Individuum und der Mensch als Gattung jeweils nur ein Teil sind. Dies ist die bittere Bille, die, wie mir scheint, in unserer so abgeklärten und transzendenzlosen Zeit für viele Menschen schwer zu akzeptieren ist: Größten Wert hat nicht so sehr unser eigenes Leben sondern das Sein des Ganzen, dem wir unterstehen und in dem wir sind.[32]

Wir sind nicht die Herren des Lebens, und wir werden das niemals sein.

„Die Kraft und Schönheit eines zarten Blattes liegt in seiner Anfälligkeit für Zerstörung. Wie ein Grashalm, der durch das Pflaster emporstößt, hat es die Kraft, die dem achtlosen Tod Widerstand leisten kann.“[33] So ist die zarte und kraftvolle Macht des Lebens. Sie gehört niemandem. Unser Leben, von dem ich doch gerade erst gesagt habe, dass es nicht das Wichtigste ist, hat in sich selbst diese Kraft und Schönheit eines zarten Blattes, das anfällig ist für Zerstörung. Es ist nicht schwer, an solcher Schönheit und Zartheit achtlos vorüberzugehen. Dadurch willigt man ein in das Werk eines unscheinbaren Todes vor der Zeit.

---

32 Man braucht in nachreligiösen Zeiten übrigens keinen Namen für dieses Ganze. Annäherungen reichen: Es ist das, in dem wir drin sind und das zugleich in uns drin ist. Wem das zu geheimnisvoll ist, der blicke in den Makrokosmos, der uns umgibt, und in den Mikrokosmos, der überall ist.
33 Jiddu Krishnamurti, *„Das Notizbuch“*, Frankfurt a.M. 1996, S. 11

13. Was nun?

„The teaching of chaos is to constantly seek the opposite and accept the contradictions. When you're feeling joy, tune into your sorrow. When you're feeling writer's block, keep your hand moving on the page. When you're feeling rushed, move more slowly. When you're paralyzed with fear, crank up the volume and dance." (Gabrielle Roth)

Wir befinden uns offensichtlich in der Klemme. Was wir auch tun, steht unter dem Risiko, das Falsche zu sein.

Wenn Sie meine Argumentation nachvollziehen konnten, werden Sie wahrscheinlich auch den Eindruck haben, dass der Preis, den wir für die Eindämmung bezahlen, zu hoch ist oder dass wir einen Weg eingeschlagen haben, der in eine Richtung führt, in die wir gar nicht gehen wollen. Aber was ist da zu machen? Welcher Regierung und welcher Bevölkerung wollte man jetzt zumuten, schrieb ich, der April hatte eben erst begonnen, die Zügel einfach laufen zu lassen und damit ein öffentliches Sterben großen Ausmaßes zu riskieren[34]? Träfe die ein, so würden womöglich Unruhen und Chaos ausbrechen, die politische Stabilität dieser Staaten wäre gefährdet.

Ändert eine kritische Sichtweise an dem eingeschlagenen Weg und den damit verbundenen Maßnahmen denn überhaupt etwas?

---

34 Schweden scheint mit seiner Strategie nur sehr geringer Einschränkungen des öffentlichen Lebens und weitgehender Selbstverantwortung der Bürger*innen allerdings gut gefahren zu sein. So werden wir wenigstens ein Land in Europa haben, an dem die langfristigen Auswirkungen dieses anderen Weges wird empirisch studieren können.

Zunächst nicht. Es kann tatsächlich sein, dass wir durch einige in-
einandergreifende und sich gegenseitig verstärkende Mechanismen
einer großen Übertreibung auf den Leim gegangen sind. Dann wäre
die Gefahr gar nicht so groß wie angenommen. Und nur unser gebündelter ängstlicher Blick auf das Faktum des Sterbens, der struk-
turell desolate Zustand der Gesundheitssysteme einiger Länder, das
Interesse von Big Pharma, einige Virologen, die sich mit ihren Deu-
tungen in den Vordergrund geschoben haben, das An-den-Rand-
Drängen kritischer Stimmen, die ständige Präsenz der Medien als
Verstärker, die Politik, die unter Handlungsdruck steht und zügiges
Handeln demonstrieren muss, die Drastik, die die Maßnahmen per
se auslösen und verstärken, die Angst als Klebstoff und die neue soziale „Normalität", die dadurch erzeugt wird – das alles zusammen
hätte diese Wahrnehmung erzeugt und verstärkt. Es kann durchaus
sein, dass wir durch diese und noch ein paar weitere sich gegenseitig verstärkende Faktoren einer von uns selbst geschaffenen Illusion aufsitzen, welche systemimmanent oder symptomatisch für
unseren Gesamtzustand der Bedrohtheit ist.

Nehmen wir an, dass die Verdachtsmomente zutreffen und es so
ist. Bis sich diese „ketzerische" Wahrnehmung durchsetzt – wenn
sie das je tut – vergeht viel Zeit. Wer gibt schon gerne zu, dass er
sich getäuscht hat und/oder täuschen hat lassen? Das beeindruckende Panorama der offiziellen Corona-Erzählung ist gefestigt und
wird weitgehend für wahr gehalten. Die Zufriedenheit mit den strikt
eingreifenden Regierungen ist überdies sehr hoch. Sicher, das kann
sich mittelfristig ändern, sollten die Maßnahmen zu lange andau-
ern. Aber es wird viel Zeit vergehen, Zeit, die im Zeichen des Ausnahmezustandes und seiner Folgen stehen wird.

Es gibt zwei Hoffnungen auf eine Verkürzung dieser Zeitspanne.
Der Virus könnte sich in den Sommermonaten zurückziehen und
sogar gänzlich verschwinden, schrieb ich. So etwas kommt vor, bei

SARS-1 etwa, dessen Spuren sich im Sand verlaufen. Im Sommer könnte die Lage für die Länder der Nordhalbkugel jedenfalls deutlich entspannt sein. Doch nach dem Sommer kommt der Herbst, und der würde dem Virus ein Comeback verschaffen. Die zweite Hoffnung liegt darin, dass es außergewöhnlich schnell gelingt, einen Impfstoff zu entwickeln. Normalerweise dauert das im allerbesten Fall bis zum nächsten Frühjahr, wird uns gesagt, aber wer weiß? Vielleicht erweist sich der amerikanische Präsident als Glücksfall, der – so eine Virologin – die Verkürzung der Testphase in seinem Land unter Umgehung einiger Auflagen durchboxen könnte. Oder jemand anderer tut das.

Müssen wir vorerst die Luft anhalten und abwarten? Die gute Nachricht lautet: Wir werden den Lauf der Dinge zwar abwarten müssen, aber dabei sind wir nicht dazu verurteilt, uns als hilflos und schwach zu erfahren. Oder lassen Sie mich das differenzieren. Ich glaube, dass es gut ist, dass wir durch den Virus unsere *Verletzlichkeit* erfahren. Die Verletzlichkeit des Lebens, die Verletzlichkeit der Systeme, in denen wir drinhängen, die Verletzlichkeit des Netzes des Lebens auf der Erde, in dem wir ein selbst-gefährdendes Element sind. Es steht uns gut an, diese Verletzlichkeit voll ins Bewusstsein zu nehmen, sie anzuerkennen und nach dem Wert zu suchen, der darin liegt. Wenn wir die Verletzlichkeit annehmen und uns darum kümmern, müssen wir nicht an der Geschichte festhalten, wir wären „hilflos ausgesetzt" und „schwach", die Zähne zusammenbeißend, wartend auf Hilfe und Rettung von außen.

Die Pause durch Corona kann man national und global, sowie auch individuell als eine Zeit einer schweren Belastung bis zur Zerreißprobe sehen – siehe Corona zwischen den Palmen. Aber auch als ein Geschenk! Nur dass es unverhofft über Nacht aus China eintraf, macht es nicht kleiner. Es braucht innere Freiheit, das so zu sehen und wahrzunehmen, trotz des ganzen Stresses, den die

Situation sonst auch verursacht. Man muss sich einen Menschen vorstellen, der im Zugdruck zwischen den beiden Palmen – vielleicht sind es doch nur Lorbeerbäume mit dem Lorbeer als Zeichen des möglichen Sieges – entspannt und verwundert feststellt, dass er gar nicht so schwach ist, wie er oder sie dachte. Der Saft in den Bäumen ist derselbe Saft, der auch in ihm ist. Er spürt das, er besinnt sich seiner Stärke und wächst. Dieses Bild möchte ich zur Betrachtung anbieten. Die Situation muss niemanden zerreißen. In dem Ausmaß, wie die Person in der Mitte entspannt und sich ausdehnt, wächst ihre Sicherheit und Kraft, der Druck nimmt ab. Natürlich, manche liebe Gewohnheiten sind momentan in der Pause, manche Vorstellungen müssen aufgegeben werden, genau. Es ist Zeit zum Luftholen und tief Durchatmen. Der Ausnahmezustand, verinnerlicht und aktiv übernommen, lädt ein zu innerer Disziplin und zur Vorbereitung einer Entfaltung nach außen, deren Zeit nicht drängt. Wir haben Zeit.

Zwei Einschätzungen stehen sich also diametral gegenüber, wenn ich das so kurz skizzieren darf: Es ist schlimm! Und: Es ist gar nicht so schlimm. Es ist sogar gut.

Habe ich in der bisherigen Beschreibung tendenziell zur ersten geneigt - eine eher objektive Sicht vertretend - so wechsle ich jetzt tendenziell zur zweiten – und deute damit auf die subjektive Aneignungsmöglichkeit und auf den revolutionären Moment. Das war ebenfalls einer der ersten Momente, die mich zu dieser Abhandlung bewogen haben. Ich schrieb einem Freund, der mir mit schwacher, depressiver Stimme am Telefon angekündigt hatte, er glaube, er könne die kommende Zeit nur überstehen, wenn er sich für Wochen und Monate in seine Kammer in einer Art von verlängertem Winterschlaf zurückziehe. Ich glaube, schrieb ich, wir befinden uns in einer Situation, die den Kristallisationskeim einer revolutionären

Aneignung und eines kollektiven Lernschritts enthält. Zieh dich bitte nicht in deine Depression zurück. Jeder wache Mensch wird gebraucht. Deine Kritik, dein Wissen, deine Wahrhaftigkeit, deine Sensibilität, deine Wünsche. Als Antwort schickte er mir – ein Zitat von Rilke!

Ich bin frei, aus der Situation etwas Besonderes zu machen. Und ich hoffe, viele und zunehmend mehr Menschen sehen das so und nutzen die Chance.

Auch Charles Eisenstein vertritt einen ähnlich ermutigenden Zugang in seinem Aufsatz „*The Coronation*", die Krönung. Warten alle die Menschen, die die globale Veränderungsnotwendigkeit auf ihrem Schirm haben und an der Trägheit des Systems leiden, nicht schon lange auf so einen Moment der Unterbrechung? „Die meiste Zeit meines Lebens hatte ich das Gefühl, die Menschheit nähere sich einer Wegkreuzung. (…) Jetzt gehen wir plötzlich um eine Kurve und da ist sie. Wir bleiben stehen, kaum fähig zu glauben, dass es jetzt soweit ist, kaum fähig zu glauben nach den Jahren, die wir der Straße unserer Vorgänger folgten, dass wir jetzt endlich eine Wahl treffen können."[35]

Die Zeit des Ausnahmezustandes eignet sich zum Nachdenken, Wünschen, Planen, Anders-Tun, In-Verbindung-Gehen. Gewiss, wir werden auch immer wieder schwanken. Eine Freundin machte mich auf diesen so wesentlichen Punkt aufmerksam. Jeder, der in Richtung eines Kampfes zwischen dem Alten und dem noch nicht ganz geborenen Neuen denkt, läuft Gefahr, von einem Drama ins nächste zu geraten. Und die Welt in Schwarz und Weiß zu polarisieren. Eine Geburt ist anstrengend und gefährlich, das ist wahr. Man weiß, dass das Neue schon drängt, aber man kann noch nicht sagen, wie es genau aussieht. Es braucht also Vertrauen. Nun, dieser Vergleich hat vielleicht seine Grenzen, weil die Schmerzen einer Geburt

---

35 Übersetzt vom Autor. S.: „*The Coronation*", *charleseisentstein.org*

ja wahnsinnig stark und in der Tat körperlich fast zerreißend sind. Was ich an dem Bild der Geburt aber für besonders zutreffend halte ist, dass es ein Prozess ist, der sich an einem selbst austrägt – mit Unterstützung von außen. Die Gebärende ist auch gut beraten, sich mental darauf einzustellen und freudvoll darauf zuzugehen, bei all der Angst, die phasenweise auch da sein wird. Trotz der Schmerzen, die dazugehören und notwendig sind.

Jedenfalls brauchen wir keine Angst zu haben vor einem vermeintlich massiven Kampf einer vermeintlich guten gegen eine vermeintlich böse Seite, sagte mir die Freundin. Verschiedene Seiten und Zugänge werden lange Zeit nebeneinander bestehen… Es ist kein Zufall, dass es eine Frau ist, die mich davor warnte, die Lage zu sehr polarisierend oder trennend zu sehen. Sie sagte, selbst wenn sich vieles jetzt ändert, wird jede*r mal auf der einen, mal auf der anderen Seite stehen: Bremsen und an alten Ängsten, Gewohnheiten, Ansprüchen festhalten, dann wieder überraschend offen sein und etwas Neues in sich wahrnehmen und sich davon berühren und mitnehmen lassen. Wir tragen immer noch die alten Gewänder, Gedanken und gefühlsmäßigen Reaktionen, und es wächst ein neueres Gewand darüber, eine Schicht, die man öfter wahrnehmen wird. Man wird sie wahrnehmen und wird auch Lust bekommen, sie zu tragen, in diesem Prozess, der sich Veränderung, Sterben und (wieder) Zur-Welt-Kommen heißt.

Der Weg der Aneignung des Momentums der tiefen Veränderung ist nicht geradlinig. Weiterhin verläuft er über Kurven, und wir wissen nicht, was sich hinter der nächsten befindet. Es besteht die Gefahr, dass der gesellschaftliche Prozess, unterstützt durch die immensen technologischen Möglichkeiten der Überwachung und punktgenauen Steuerung und Manipulation, auf eine andere Seite kippt. In manchen Ländern wird das möglicherweise passieren, vielleicht jetzt, vielleicht in 10, 20, 30 Jahren. Es gibt die Gefahr einer neuen Form des Faschismus. Darauf werde ich noch eingehen.

Eine wachsende Schar von Menschen in unseren Gesellschaften koppelt sich auch von den Mainstream-Informationskanälen ab, unter anderem deshalb, weil sie ihr Unbehagen an den Verhältnissen dort nicht ausreichend oder in passender Art vertreten sehen. In den alternativen Kanälen und privaten Informationsseiten, die von sehr seriös bis sehr dubios das ganze Spektrum der Möglichkeiten abdecken, und dazu zählen auch Agenturen, die systematisch Falschnachrichten erzeugen und unters Volk jubeln, um die Menschen in bestimmte Meinungsrichtungen zu drängen, zirkulieren auch Verschwörungsvermutungen, die man fälschlicherweise „Theorien" nennt. Meistens laufen sie darauf hinaus, dass Kreise von sehr mächtigen Menschen das Weltgeschehen steuern und dabei höchst manipulativ die Öffentlichkeit hinters Licht führen. Das Bild vom großen, dunklen Anderen, der die Fäden in der Hand hält und Übles im Sinn hat, ist ein Phantasma, das manchem zwar einen Schauer über den Rücken laufen lässt, ironischerweise diejenigen aber weiter in der Position des Opfers hält, die daran glauben.

Es gibt auf der anderen Seite tatsächlich konkrete Interessensgruppen, die sich organisieren und eine Situation zu ihren Gunsten zu nutzen versuchen, wenn es um viel Geld, große Macht und strategische Interessen geht. Deshalb braucht es den kritischen Aufdeckungsjournalismus und Medien, die es sich leisten können, diesem Raum zu geben. Unterschätzt werden in der allgemeinen Wahrnehmung aber oft Fehlentwicklungen, die nicht auf manipulative Machenschaften, sondern auf Verzerrungen im System zurückzuführen sind.

Ich halte es für wünschenswert, dass sich viele Menschen um ihre Interessen kümmern. Jede*r kann eine günstige Situation nutzen, um etwas voranzubringen, was tatsächlich den Interessen der

Menschen dient, was einen Schritt nach vorn tun lässt oder, wie Rilke das so schön ausdrückt: „aufwärts fallen lässt". Verbunden mit dem, was uns wichtig ist, sind wir mächtiger als solche eingebildeten Schatten oder auch real existierenden Gruppen, welche Macht-, Geschäfts- oder Bereicherungsinteressen sie auch auf ihrer Agenda haben. Ich glaube, dass die Trägheit der Vorstellungskraft viel gefährlicher ist. Es kommt darauf an, an welchen inneren Bildern wir uns orientieren.

14. Was uns stark macht

„Wir werden als Menschen geboren, aber es bedarf der lebenslangen Anstrengung, um menschlich zu werden.“

Es ist vielleicht kein Zufall, dass ich mir gestern Nacht nach 30 Jahren noch einmal den Film *„Brazil“* von Terry Gilliam angesehen habe. Der Film ließ mich am Boden zerstört zurück, trotz seines Einfallsreichtums im Detail und seinem Witz. Er zeigt eine totalitäre Situation in irgendeinem Paralleluniversum und wie der Held Sam Lowry sich daraus gerade nicht befreien kann. Sam wird gezeichnet als sensibler Träumer, der gerne hilfreich ist – ein ganz normaler Mensch eigentlich - und nur zufällig in die Lage gerät, in einen am Ende ausweglosen Gegensatz zum System zu geraten. Normalerweise hat er seine Träume zum Ausweichen vor der Realität, in denen er als reiner Engel durch die weißen Wolken taucht. Aber dann interessiert er sich für eine echte Frau, Jill, die sich für Gerechtigkeit einsetzt und deshalb ins Visier der Staatssicherheit gerät. Sein Versuch, sie zu retten, endet mit seiner eigenen Festnahme. Die Pointe des Films ist bittersüß – allerdings überwiegt das Bittere, das Entmutigende: Am Ende sind es frühere „Nahestehende“, die ihn auf den Folterstuhl gefesselt haben und zum Reden oder „Umdenken“ bringen wollen. Der Film gaukelt indessen dem Publikum eine Fluchtszene mit der Geliebten in ein Idyll fern dem Moloch der dystopischen Stadt vor – abrupter Kameraschnitt: die Realität zeigt den am Stuhl Gefesselten mit blutigem Einstich und verklärt lächelndem Gesicht, sein Geist hat offenbar den Kontakt zur Wirklichkeit gekappt. Die Schergen verlassen die Szene: *„Mist,* *er ist uns entwischt!"* Die Schlussszene zeigt den verlassenen Sam auf seinem Stuhl im Halbdunkel, in einer Kuppelhalle, die wie ein Dom wirkt.

Ich musste mich des Films erwehren, der – während der Zuseher im Halbdunkel auf seinem Sessel festsitzt – so viele für den Helden schwächende Momente enthält, dass am Ende tatsächlich nur der irreale Traum als Ausweg offenbleibt. Es beginnt mit der dekadenten, „gutmeinenden" Mutter, die Sam kein einziges Mal ermuntert, an sich selbst zu glauben und seine Wünsche ernst zu nehmen. Der Vater ist tot und war offenbar auch in den Apparat verstrickt. Keiner der nahestehenden Personen interessiert sich für ihn, er wird nur herumgeschoben und gewarnt, dass er sich lieber nicht zu viel bewegen sollte, schon gar nicht in die falsche Richtung. Er ist im Grunde völlig verlassen. Sogar Jill, der er nachläuft, weil sie ihn an die Frau aus seiner Traumwelt erinnert, weist ihn die längste Zeit grob zurück. Die Art, wie er sich an sie klammert, hat etwas Entwürdigendes. Als Zuschauer würde man ihm ja gönnen, dass er „zu seinem Glück" kommt. Nur: der in die Verstrickungen des Handelns Gerissene steht auch in diesem Punkt auf unsicherem Boden. Zwar wagt er es, die Angebetete in einem Augenblick der Ruhe schließlich zu küssen, aber dann lässt er sie alleine zurück, in dem Moment, wo sie sich ihm endlich hingeben würde, „weil er sie retten muss" vor der drohenden Verfolgung.

Es gibt außer dieser Geliebten nur eine einzige andere positive Bezugsfigur für den Helden im Film. Das ist ein auf eigene Faust operierender Klempner-Techniker, der eines Tages in seiner Wohnung auftaucht, um einen Defekt zu reparieren, bevor die Klempner der staatlichen Reparaturagentur eintreffen. Er geht natürlich unkonventioneller vor als die offizielle Crew, die die Wohnung kurz später demolieren wird, weil er den Schaden behebt, indem er einfach ein „Verbindungsstück" in das wie organisch wirkende, überbordende System der Röhren, Schläuche und Leitungen einfügt. Bevor er sich wieder über den Balkon abseilt, erzählt er noch, dass er seiner Arbeit einfach aus Spaß nachgeht und um unabhängig zu bleiben. In dem Film ist er die lebendigste Figur von allen, die einzige, die keinen unangenehmen Nachgeschmack hinterlässt.

Vielleicht ist dieser Film auch mein *Verbindungsstück*, das mich veranlasste, dem Kapitel, das Sie gerade lesen, mit einem geänderten Titel auch eine geänderte Ausrichtung zu geben: „Was uns stark macht". Es fehlt derzeit vielen die Möglichkeit, schrieb ich, sich über spontane, nicht via Telefon, Skype, Zoom usw. hergestellte soziale Kontakte zu stabilisieren und emotional zu regulieren, sie leiden an Einsamkeit. Die psychischen Systeme mancher Menschen werden wehrlos gegenüber aufsteigenden Erinnerungen von Situationen des Gefangenseins in Hilflosigkeit und Nicht-Verbindung. Solche Mechanismen verstärken den Eindruck des Ausgesetztseins und der hilflosen Lähmung.

Was macht uns als einzelne und dann im sozialen Kontakt stark und handlungsfähig? Was gibt uns Zuversicht, selbst handeln zu können und als erwachsene Menschen gerne selbst die Verantwortung für uns zu übernehmen, für uns und auch für eine gute Zukunft? Ich meine, wir haben keine Zeit zu verlieren, darauf zu warten, bis etwas anderes an unserer Stelle, uns vereinnahmend, stark ist, eine Instanz, ein paternalistischer Staat wie in *Brazil*, der das Handeln an unserer Stelle und womöglich über unsere Köpfe hinweg längerfristig übernimmt. Sicher, ein handlungsfähiger Staat ist ein kostbares Gut. Das haben wir soeben kollektiv begriffen. Aber handlungsfähige Bürger*innen, die den Staat ja tragen, sind es noch mehr. Die Frage nach dem, was uns stark macht in der Zerbrechlichkeit und trotz der Zerbrechlichkeit, halte ich für wichtig für jetzt und für die Zeit später, wenn es darum gehen wird, uns neu zu organisieren. Die Frage nach der Stärke ist nicht im Sinne einer

Abhärtung gegen sich und andere gemeint – solche *Härte* war das Ideal der faschistischen Staaten des 20. Jahrhunderts[36]. Die Stärke, die einem Menschen erlaubt, gut durch eine Krise zu kommen, ist nicht Unsensibilität, Rücksichtslosigkeit und Fühllosigkeit. Im Gegenteil: Nur wer sich stark und im Mark unbedroht fühlt, kann tiefe Lebendigkeit zulassen und sich zugleich den Interessen anderer öffnen, ohne die eigenen verleugnen zu müssen.

Wie kommt der Klempner in *Brazil* zu seiner Zuversicht und Lebensfreude? Zu seinem Mut?

Aus meiner Arbeit mit Menschen weiß ich, dass Beziehung und Kommunikation zu den grundlegendsten Bedürfnissen zählen. Die Autonomiestruktur, die einen Menschen unabhängig und stark agieren lässt, baut darauf auf. Das heißt, damit Autonomie sich überhaupt etablieren kann, braucht es zunächst Beziehung und Selbsterfahrung in der Beziehung. Damit ein Mensch sich anderen zeigen und mitteilen kann, müssen wiederum Mindestanforderungen der Sicherheit gegeben sein. Also ist zu fragen: Was macht einen Menschen sicher? Das innere Sicherheitsgefühl ergibt sich daraus, wie eine bestimmte Person eine Situation subjektiv erlebt, es hat also kein allgemeines objektives Maß. Wenn jemand im inneren Alarmzustand ist und sich bedroht fühlt, dann ist sein *Überlebenssystem* aktiviert. Es bleiben dann nur mehr die Verhaltensmöglichkeiten Kampf, Flucht oder Erstarrung (auch Shutdown oder Totstellreflex genannt) übrig. Das wird über Erregungen oder Blockierungszustände im Nervensystem körperlich umgesetzt. Neuere Ansätze der Traumatheorie haben das gut erforscht.[37]

---

36 Klaus Theweleit hat dieses Ideal der ersten Hälfte des 19. Jahrhunderts intensiv beforscht und auf eine Angst vor der Körperauflösung zurückgeführt. S. dazu: K. Theweleit, *„Männerphantasien"*

37 S. dafür z.B.: Laurence Heller und Aline LaPierre, *„Entwicklungstrauma heilen. Alte Überlebensstrategien lösen. Selbstregulierung und Beziehungsfähigkeit stärken"*

Die Herausforderung für Menschen, die stark verunsichert und verängstigt oder sogar (re-)traumatisiert sind, besteht zunächst darin, überhaupt eine Situation erfahren zu können, wo sich ihr Nervensystem wieder beruhigt. Ich gehe im nächsten Kapitel näher darauf ein, wie das gelingen kann und wie man mit der Emotion der Angst arbeiten kann.

Nach einer ersten Stabilisierung besteht der nächste Schritt darin, dass wir Situationen suchen, wo wir uns mitteilen können. Das ist eines der normalsten Bedürfnisse überhaupt. Das ist gerade jetzt wichtig, schrieb ich, wo wir isolierter sind als sonst. Wenn es darum geht, durch Selbstmitteilung die Grundlagen für eine Selbststärkung und Strukturbildung von Autonomie zu legen, sind damit aber nicht das Mitteilen von irgendwelchen Geschichten oder Meinungsfetzen, Diskurse, Debatten oder Rechtfertigungen gemeint. Sondern es geht um das Aussprechen der gerade sich zeigenden inneren Situation, so wie sie ist. Der Klempner spricht nicht über das System, sondern er sagt, dass ihm Spaß macht, was er gerade tut. Er sagt das zu Sam, der ihm im Gegensatz zu den Bürokraten zuhört. Dabei muss er gar nicht erst seine Autonomiestruktur stabilisieren, er ist bereits mitten im Tun.

Da wir uns als auf tiefer biologischer Ebene sozial angelegte Wesen auch sozial regulieren müssen - das bedeutet im emotionalen, geistigen und körperlichen Austausch mit anderen -, geht es um Mitteilungen solcher Art, in denen das biologische und soziale und geistige Individuum zeigen kann, wie es ihm gerade geht und was es braucht. Es darf sich zur Gänze ausdrücken. Dies betrifft sehr direkt unsere Situation im Corona-Shutdown, schrieb ich. Wir brauchen nicht den beliebigen Kontakt oder die instrumentelle Kommunikation, wie wenn zum Beispiel ein älterer Mensch seinen Nachbarn am Telefon übermittelt, was sie für ihn einkaufen sollen.

Wir haben das nicht ersetzbare Bedürfnis, anderen Menschen[38] unser aktuelles So-Sein und unsere aktuelle Bedürftigkeit zu zeigen – noch vor jeder Frage, ob sie auch gestillt werden kann. Eine Emotion wie Angst, oder Beklommenheit, oder Bedürfnisse nach Nähe und vieles andere mehr wollen ursprünglich mitgeteilt werden. Praktisch bedeutet das, dass jede*r andere Menschen braucht, vor denen er oder sie sich unverstellt zeigen kann. Der Mensch ist ein Wesen, das sich zeigen können muss. Ich denke, das geht über die berühmte Definition des Menschen als *zoon politikon* (politisches Tier) des Aristoteles noch hinaus, es ist fundamentaler, betrifft unsere biologische Infrastruktur. Ein Mensch, der längere Zeit alleine eingesperrt ist, wird verrückt, wenn er nicht über ganz außergewöhnliche geistige Ressourcen verfügt.

Das Mitteilen, von dem ich hier spreche, ist etwas anderes als das bloße Ausagieren, das im sozialen Raum und in Beziehungen immer wieder beobachtet werden kann und das wir alle so gut kennen. Eine Aggression kann ausagiert werden in einem Wutanfall, wo der oder die Wütende jemand anderen anschreit, mit negativen Koseworten belegt, oder in einem handgreiflichen Angriff attackiert. In Form von Autoaggression wird so eine Wut auch nach innen gewendet. Das führt zu Selbstbeschimpfung oder, wenn alle aktiveren Kanäle des Aggressionsausdrucks blockiert sind, in eine Depression. In *Brazil* begegnet uns der Held als habitueller Zweifler, der aggressive Selbstausdruck und die Selbstbehauptung sind bei ihm bereits nach innen verbogen. Sam, der eigentlich keiner Fliege etwas zuleide tun kann, ist kaum fähig, auf die Zumutungen, mit denen er täglich überschüttet wird, aggressiv zu reagieren. Ganz

---

38 Oder einem Gott – auch Religionen sind Antworten auf dieses Kernbedürfnis der *Mitteilung*. S. dazu Robert Schwarz: *„Fahrtunterbrechung. In die Krise - aus der Krise"* (erscheint demnächst). Auch durch ein z.B. künstlerisches Werk für andere geschieht die tiefe Mitteilung.

anders die überall im Untergrund agierenden, ihre Bomben werfenden Terroristen, die quasi jederzeit und überall ihre Anschläge durchführen, während das System bemüht ist, den Anschein am Leben zu erhalten, es gebe überhaupt kein Problem. Nur der Klempner, der hat weder eine Selbstblockade, noch die Leugnung, noch das aggressive Ausagieren nötig. Er ist handlungsfähig im vollen Sinn. Denken wir an den konkreten Fall eines alten Menschen, der nicht mehr besucht wird und dessen essentielles Bedürfnis nach Kontakt daher dauerhaft frustriert wird. Ein solcher Mensch könnte einen Anfall von hilfloser Wut bekommen. Vielleicht würde er in einem emotionalen Ausbruch zuhause in den eigenen vier Wänden herumschimpfen, wenn es ein Mensch ist, der zum Schimpfen neigt. Damit verschafft man sich kurz mal Luft. Wenn solche Wege des Wutausdrucks allerdings keine Erleichterung bringen, dann besteht ein hohes Risiko, dass dieser Mensch resigniert und depressiv wird. Jemandem zu sagen, dass man wütend ist in einer Situation, ist auf einer tieferen Ebene wirksam, als eine Wand anzubrüllen. Es entlastet unmittelbar. So kann vermieden werden, dass ein Mensch mit der Zeit in eine Depression kippt, deren Ursachen der Depressive gar nicht mehr sehen kann, weil die Aggression schon lange unterdrückt ist. Das Mitteilen und dabei von jemand anderem Gehört-Werden verschafft dem Mitteilenden die nervöse Beruhigung und dadurch Stabilisierung. Solche Art der Mitteilung funktioniert auch mit digitalen Hilfsmitteln. Sie muss allerdings über ein allgemeines Gerede hinausgehen.

Kurzum, Sich-Mitteilen-Dürfen und dabei Gehört- und Gesehen-Werden ist die Grundlage für die Erfahrung von Autonomie. Das erlaubt dem Nervensystem, sich in Verbindung mit anderen zu *entspannen*. Wenn ein Mensch sein darf und alles direkt ausdrücken darf, was sich in ihm abspielt, dann kann er oder sie sich erst in größerer Tiefe mit und bei sich selbst sicher fühlen. Zur

Definition des Menschen als *zoon politikon* kommt eine weitere Bestimmung hinzu: Der Mensch ist ein Wesen, das der *Seinserlaubnis* bedarf. Noch einmal auf den Punkt gebracht: Er braucht andere für diese Art von Regulierung.

Brazil und ähnliche Filme gehen unter die Haut, wenn sie uns totalitäre Staaten vorführen, in denen diese Dimension verschüttet ist bzw. in denen der oder die einzelne Existenzerlaubnis nur bekommt, wenn er so ist, wie er „sein soll". Brüchigkeit hat darin keinen Platz mehr. Ein einzelner wie der sympathisch-hilflose „Held" in *Brazil*, der sich in seiner Sensibilität und irgendwie herausfallenden, nervösen Energie niemandem mitteilen kann, ohne sofort zurechtgestutzt und in bestimmte Bahnen zurückgewiesen zu werden, sitzt schon im Gefängnis der Einsamkeit, auch wenn er noch frei herumläuft.

Nach meinem Verständnis erreicht einen sicheren Status innerer Freiheit erst, wer seine abhängige Unabhängigkeit oder unabhängige Abhängigkeit realisieren kann. Übrigens helfen bei der Realisierung des Seins-in-der-Mitteilung auch starke Naturbezüge oder geistige Bezüge, wo die Natur oder ein geistiges Gebilde die Stelle des zuhörenden anderen vertritt. Was uns schwach macht: die Isolation.

Durch die Maßnahmen des Distanzhaltens erfahren wir deutlicher, so schrieb ich, dass wir einander grundlegend bedürfen – nicht nur, damit jemand anderer unsere Brötchen bäckt oder eine Versicherungssumme ausbezahlt. Es führt zu einer Schwächung der eigenen Basis, wenn Menschen die Wahrnehmung solchen Brauchens sang- und klanglos in den Schrank packen. Gerade in der Isolation nimmt das Selbstgefühl der Unabhängigkeit Schaden. Es stärkt hingegen, die Bedürfnisse wahrzunehmen und im direkten Kontakt auch mitzuteilen: *„Ich fühle mich einsam; ich spüre mein Bedürfnis nach*

Kontakt; es berührt mich, dass du mir zuhörst."[39] Die soziale Trennung durch die Corona-Maßnahmen erfordern ein stärkeres Suchen nach Mitteilungs-Möglichkeiten dieser Art. Darüber wird aber kaum gesprochen. Es scheint eher die Devise zu herrschen, es handle sich um ein notwendiges Opfer und alle müssten da irgendwie durch.

Wenn wir unsere Angst spüren und ausdrücken können – nämlich durch so eine Mitteilung und nicht, indem wir uns zuhause einsperren, uns betrinken, mit Videos oder inflationären Chats zuschütten, unseren Körper verkrampfen und uns ins Bett verkriechen – dann ist das unmittelbar und tief entspannend. Das ist ein wesentlicher Punkt: Die gesellschaftliche Auswirkung solcher Entspannung ist, dass wir dann nicht so sehr von anderen oder einem intim zugreifenden Staat abhängig sind, die uns versichern, alles für uns zu tun, damit wir keine Angst haben müssen. Es macht uns auch deshalb unabhängiger, weil wir uns dann nicht zu jedem Preis brav verhalten müssen, nur um nicht in die Ungnade des Beschützenden zu fallen. In der gehirngewaschenen Gesellschaft des allsorgenden Staates in *Brazil* stellt sich die Frage, ob sie gehorsam sein *wollen*, für die Bürger*innen nicht mehr. Die wenigen Abweichler*innen gehen in den Untergrund und werden Terroristen. Nun, wir leben glücklicherweise nicht in einer totalitären Situation. Es ist meiner Ansicht nach die wichtigste Aufgabe des Staates, für eine grundlegende öffentliche Situation zu sorgen, in der seine Bürger*innen sich sicher fühlen können. Damit kommt eine weitere Dimension von „Autonomie" in den Blick. Ein gut funktionierender Staat bietet die Grundlagen für die Entfaltung politischer Autonomie. Ohne einen garantierten Schutz aller Staatsbürger*innen

---

39 An dieser Stelle bin ich der Trauma-Arbeit Gopal Norbert Kleins und seinem Modell der Mitteilungs-Gruppen („*Lokale Gruppen*") zu Dank verpflichtet. Viel Material zu diesem Zugang findet sich auf seiner Homepage.

droht Chaos und ein Grundgefühl der Unsicherheit. In einem totalitären Staat muss man ständig Angst haben, wenn man sich nicht restlos unterwirft. Selbst dann ist man vor der Anmaßung eines stets möglichen Zugriffs nicht geschützt. Der als „Terrorist" angesehene Klempner Tuttle wird gesucht, doch ein einen Buchstaben verschmierendes Insekt sorgt dafür, dass stattdessen der unbescholtene Buttle verhaftet wird. In einem gut eingerichteten Staat gibt es Instanzen, wo jede*r seine Anliegen zu Gehör bringen kann und auch tatsächlich gehört wird. Im totalitären Staat des Films wird eine solche Möglichkeit nur simuliert. Die aufgestörte Jill wird von einer Behörde zur nächsten geschickt, um sich einen weiteren Stempel abzuholen.

Wir haben also zwei Hauptfaktoren, die Menschen stark machen, indem sie ihnen ermöglichen, existentiell und politisch ihre Autonomie zu entfalten: die Selbstmitteilung und die Artikulation von Interessen. Beides ist in der Wesensdefinition des Aristoteles vom *zoon politikon* ausgedrückt, so wie ich sie jetzt verstehe. Wenn wir unsere Menschlichkeit schützen wollen, sollten wir darauf bestehen.

Was jetzt folgt, ist eine Liste von Tugenden – ohne Anspruch auf Vollständigkeit – die allesamt die geistige Dimension unserer Existenz als Menschen berühren.

Stark macht die Verbindung mit Werten, die über den einzelnen hinausreichen. Werte wie Gerechtigkeit oder Wahrhaftigkeit werden ja nicht deshalb von vielen Menschen hochgehalten, weil andere ihnen gesagt haben, dass sie das tun müssten. Authentisch kann man einen Wert erst dann vertreten, wenn man erfahren und erkannt hat, dass er wertvoll ist. Etwas von diesem Wert beleuchtet dann auch den Menschen, der sich an ihm orientiert und ausrichtet. Also das Vertreten von Werten und das Handeln danach ist etwas,

was Kraft gibt, wenn es andererseits auch in schwierige oder herausfordernde Situationen führen kann. Das Eintreten für etwas, das man aus tiefen Gründen für gut und richtig hält, gibt einem Menschen Statur.

Allerdings können Menschen fehlgehen, wenn sie die eigenen Werte verabsolutieren. Dann werden sie starr und hart. Auch da ist der Austausch mit anderen, nämlich mit Andersmeinenden, unverzichtbar. Also braucht es Räume für Begegnung, wo auch wirklich zugehört wird. Solche Räume machen Gemeinschaften stark.

Liebe macht stark, das Bewusstsein, dass es erlaubt ist, sich zu öffnen – Liebe zu empfangen, und auszudrücken. Liebe ist die Kraft, die über Grenzen geht. Sie öffnet ihrerseits sichere Räume der Mitteilung, wo alles da sein, sich zeigen und sich aussprechen darf. Je sicherer die Liebe wird, je weniger sie als Besitz aufgehoben, abgesichert und eingeschlossen werden muss, desto mehr kann sie ausstrahlen und sich verallgemeinern. Gewiss, sie wird romantisiert und überidealisiert und damit mit einem falschen Zuckerguss überzogen. Doch es genügt, ihr Raum zu geben und zuzulassen, was passiert. Damit das Öffnende der Liebe einen Menschen tiefer berühren kann, dafür braucht es wiederum eine gewisse zutrauliche Sicherheit, ein Zulassen. Die Liebe selbst spricht die entgegenkommende Einladung aus, nicht so viel Angst zu haben. Sie bringt auch Schmerzen, tiefe, umformende Schmerzen. Wer lernt, ihr dennoch zu vertrauen, wird belehrt und beschenkt.

Und vieles weitere folgt daraus. Die Selbstachtung zum Beispiel, die ich beim Helden des Filmes schmerzlich vermisste, der noch so viel Zeit brauchte, um sich zu lösen von dem inneren Glauben, die Liebe stehe ihm im Grunde nicht zu, er verdiene sie nicht. Selbst-Missachtung bewusst zu machen und mit der Selbst-Achtung zu beginnen stärkt. Sie sind es wert, jemand anderem ins Gesicht zu sehen, da zu sein, ohne sich in irgendeiner Weise verstellen zu müssen. Ich bin es wert, Mensch unter Menschen zu sein, und als Mensch den Menschen zu achten, obwohl es viele Menschen gibt, die Fürchterliches angerichtet haben.

Deshalb braucht es auch die Fähigkeit der Vergebung, die sehr entlasten und stärken kann. Wie heilsam es ist, sich das Schwachsein so oft zu vergeben, und dass man niedrig von sich gedacht hat und von anderen! Menschliche Schwäche zu vergeben bedeutet nicht, auf eigene Ansprüche und Werte zu verzichten und nicht mehr für diese eintreten zu wollen. Auch Demut macht nicht schwach, wie viele glauben, die Stärke mit Anmaßung verwechseln. Wir überschätzen die Fehler der anderen und unterschätzen unsere eigenen. Demut hilft, diese natürliche Neigung zu korrigieren.

Wenn ein Mensch sich selbst achtet, ohne perfekt sein zu müssen, ohne immer alles richtig machen zu müssen, dann wird es ihm oder ihr auch leichter, in die Selbst-Verantwortung zu gehen. Bejahte und angenommene Verantwortung macht stark. Niemand anderer muss für mich bürgen, ich übernehme die Verantwortung für meine Taten, das ist keine Last, wenn ich mich nicht sowieso dauernd schwach und überfordert fühle. Auch dass ich mich nicht überfordern lasse, das einzufordern und mich dagegen zu wehren gehört zu meiner Verantwortung. Das stärkt wiederum meine Selbstachtung. Eine Gemeinschaft, eine Gesellschaft wird stärker, wenn viele gerne Verantwortung übernehmen und tragen. So kann eine Gesellschaft gestärkt aus einer Krise herausgehen.

Und noch so viel stärkt den Menschen und ist wichtig! Konfliktfähigkeit zum Beispiel, es aushalten und austragen können, anderer Meinung zu sein als andere, und diesen das auch zugestehen, und auf dieser Grundlage in einen Interessensaustrag zu gehen, wo alle Seiten die Chance bekommen, gehört zu werden, und sich auch Gehör verschaffen, wenn Sie kraftvoll und selbstbewusst genug sind, ihre Interessen einzubringen. Man muss nicht immer stark sein.

Echte Stärke besteht auch darin, anderen – und Schwächeren – Raum zu geben. Konfliktfähig zu sein bedeutet auch, Geduld zu haben, und nicht sofort auf einer Entscheidung zu bestehen. Darauf zu vertrauen, dass man Gelegenheit haben wird, seine Werte zum Ausdruck zu bringen, und das dann auch zu tun.

Alle diese wertvollen Qualitäten, die stark machen und stark sein lassen, sind miteinander verknüpft, und ich greife fast willkürlich bestimme Verknüpfungen auf und lasse andere noch nebenbei liegen. Berührbarkeit macht stark. Das bedeutet nicht, sich jedem und allem jederzeit zur Berührung anzubieten. Verletzbarkeit macht stark, Dankbarkeit und Freundlichkeit – hier ist es! Die Freundlichkeit, bevor der Film *Brazil* dazwischenkam. Nach diesem Wort wollte ich dieses Kapitel ursprünglich benennen.

Freundlichkeit ist die Entschlossenheit, mit anderen gut auszukommen und ihnen zuzutrauen, auf eine freundliche Geste ihrerseits mit Freundlichkeit zu reagieren. *„Unterstellen Sie dem anderen keine böse Absicht, sondern Wohlwollen“*, schreibt eine Ratgeberin für das Verhalten von Paaren in der Situation der allgemeinen Krise.[40] Ist das als verallgemeinerte Haltung nicht viel zu schwach, vielleicht selbst nur eine schützende Fassade? Deshalb begann ich, an der Freundlichkeit als Basis zu zweifeln.

„Zwischen Nächstenliebe und Nächstenhass gibt es etliche Wahlmöglichkeiten, die von verschiedenen Schattierungen der Freundschaftlichkeit über Toleranz bis hin zur Gleichgültigkeit reichen“, schreibt Sudhir Kakar[41], ein Psychoanalytiker. Freundlichkeit trägt in ihrer Art das Risiko der nivellierenden Neutralität in sich. Die Liebe geht weiter, wie sie immer weiter geht, und in ihrem

---

40 *„Liebe in Zeiten von Corona. In welche Falle Paare jetzt nicht tappen dürfen“*, Antonia Fuchs, *gmx.net*
41 In der *Zeit* vom 8.4.2020: *„Was ist menschlich?“*

Namen sind wir bereit, erstaunliche Opfer zu bringen, so wie der Filmheld Sam. Mitgefühl und Anteilnahme fordern dazu auf, zugänglicher zu werden und selbst Hand anzulegen. Doch die Dankbarkeit, sie soll das letzte Wort erhalten: *„Für einen freundlichen Gruß neige dich rasch zur Erde. Einen bloßen Pfennig zahle zurück in Gold. Wer dein Leben rettet, dem enthalte das Leben nicht vor."* (Gandhi)

15. Gegen die Angst

„Adversity forces you to go deeper – and that frees you from fear. It is an invitation to go deeper - for if you don't, you suffer." (Eckhart Tolle)

Die Angst ist wie eine Seuche. Wenn sie sich ausbreitet, breitet sich auch die Lähmung aus. Es gab wohl zu allen Zeiten der Menschheitsgeschichte besondere Anlässe, warum spezielle Ängste grassierten. Die Angst war in allen Epochen auch ein Herrschaftsmittel, das dafür eingesetzt wurde, um Menschen klein und gefügig zu halten. Zeigen Sie mir eine Gesellschaft, wo das nicht der Fall war. Auch die Religionen benutzen sie, um Furcht einzuflößen. Die Angst gehört zum bewussten Leben des Menschen, sie gehört zum biologischen Erbe und hat auch ihre vitalen Funktionen. Sie weist ja auf konkrete Gefahren hin: Ein gefährliches Tier, dessen Gebiss ich ausgeliefert sein könnte. Einen bewaffneten Nachbarn, der in mein Land einfallen könnte. Die Steuerbehörde, die mir auf die Schliche kommen könnte. Das im Leben Erarbeitete, das in die Brüche gehen könnte. Eine Krankheit, die meine Lunge entzündet und mich bei lebendigem Leib ersticken lässt. „Es dauert nur einige wenige Stunden, bis der Tod kommt. Und es ist ein einziger Kampf um Luft, bis sie ersticken. Es ist schrecklich."[42]

Hinter allem steht als Fluchtpunkt oder tiefer Grund die Angst vor dem Tod, der das Buch meines Lebens zuschlägt, das ich so gerne um einen weiteren Tag fortgesetzt hätte.

---

42 Aus einer zeitgenössischen Schilderung über die Wirkung der Spanischen Grippe.

Das Wissen um den Tod ruft natürlich auch andere Haltungen hervor: Respekt, Vorsicht, Klugheit, Intelligenz, Umsicht. Und Demut: Er ist nicht vermeidbar. Da die Angst so alt ist wie der Mensch, sind es auch die Haltungen und Mittel, mit ihr umzugehen, sie in ihre Schranken zu weisen und als gut dosierten Stachel einzusetzen, nicht aber als Sickergift, das den Willen der Menschen lähmt und sie schwach macht und kopflos.

In der Corona-Bedrohung laufen wir also Gefahr, so schrieb ich, dass genau das bei vielen Menschen passiert. Aus meinem Bekanntenkreis höre ich von einzelnen, die sich bisher gut abgesichert fühlten und jetzt zuhause in Panik im Kreis laufen. Andere erzählen mir, dass sie verwirrt sind, weil sie widersprüchliche Nachrichten über die „tatsächliche Gefährlichkeit" des Virus bekommen und nicht mehr wissen, welcher Seite sie glauben sollen. Also glauben sie gar nichts mehr, sind genervt und bleiben angespannt. Die Angst ist eine Emotion, die – wie man aus dem Wort herauslesen kann: *ang* – eng macht. Der Verängstigte zieht sich zusammen, macht die Luken dicht, baut einen Stauring, innerhalb dessen Grenzen er verbleibt, was er im eigenen Körper wahrnehmen kann. Das ist verbunden mit einem ängstlichen Horchen, einer Erwartung, unter der er sich jetzt schon duckt, wenn es nicht früher oder später in die Abstumpfung oder in eine Depression führt. In der Angst steht der Imperativ, sich zu schützen, an erster Stelle, was zu Rückzügen auf der ganzen Linie führen kann, wenn man einer Angstquelle permanent ausgesetzt ist. Die eigene Kraft wird nicht mehr voll ausgedrückt, und die eigene Energie, die sich somit aufstaut, fühlt sich unangenehm an und umhüllt einen, bis man schließlich gar nicht mehr wahrnimmt, dass diese niederdrückende Atmosphäre nicht normal ist, sondern ein erzeugter Zustand. Kein Mensch, der das nicht kennt.

Aber es gibt auch eine andere Erscheinungsform der Angst, nämlich der ursprüngliche, akute Angstimpuls, wo sie anregend, motivierend und herausfordernd ist. Die Angst, wenn sie sich noch nicht so verdichtet hat, dass sie die freien Flüsse staut, ist so etwas wie die Einladung zu einem Abenteuer: *„Schau mal da hin"*, bedeutet sie, *„das versetzt dir einen Schauer, nicht wahr? Da spürst du, wie es in deinem Magen kribbelt, wie sich dir deine Haare aufstellen. Wie wäre es – einen Schritt in diese Richtung zu machen? Mein Adrenalin wird dir eine besonders intensive, lustvolle Erfahrung verschaffen..."* Auch so vielversprechend kann die Information eines Angstimpulses sein. Wir sind explorative Wesen[43] - wie das Leben überhaupt -, wir wollen neue Erfahrungen machen. Sie kennen diese Angst, wenn es zum Beispiel darum geht, auf offener Bühne eine Rede zu halten oder das erste Wort an eine attraktive Unbekannte zu richten. Abenteurer*innen, Sportler*innen, Künstler*innen, Liebende, Unternehmer*innen, Wagende aller Art schätzen solch Angstimpulse, die prickelnd zu schmecken geben, dass eine Möglichkeit in Griffweite ist, die lockt und herausfordert. Angst, die durchs System fließen darf, kann pure Energie sein. Das ist keine Aufforderung zur Unvorsichtigkeit, denn ein Mensch ohne Angst läuft Gefahr unsensibel und dumm zu bleiben, wenn nicht überhaupt sein Leben ohne Not vorzeitig abzukürzen.

Der Corona-Ausnahmezustand präsentiert in den meisten Situationen die Form von chronischer Angst, die sich verdichten und zu einer Belastung werden kann, durch die man nicht durch gewagtes Handeln hindurchgeht wie durch ein offenes Tor. Auch ohne Corona lebten wir schon kontinuierlich mit einem Bühnenvorhang der Angst, allerdings musste man da nicht hinblicken, der Horizont

---

43 Da würde sich gleich die nächste Wesensdefinition anbieten: Der Mensch, in der geistigen Dimension noch geweitet, als unendlich explorativ.

ließ sich mit anderen Dingen verstellen, die Gefahr verdrängen. Trotzdem, es scheint mir richtig zu sagen, dass die Dämme schon belastet sind. Auf wie viele unterschiedliche Anlässe, Angst zu haben, kann sich ein Mensch einstellen? Etwa jeder 20. erlebt mindesten einmal im Leben eine Panikattacke. Viele haben Angst, ihren halbwegs sicheren Platz in der Arbeitswelt zu verlieren, weil der Konkurrenz- und Anforderungsdruck so hoch ist. Andere, dass sie es nicht mehr schaffen könnten, wieder zurückzukommen in eine Position relativer Abgesichertheit. Sozial gesehen führt solche Angst oft zu gesteigerter Anpassung. Viele Menschen passen sich fast jedweder Bedingung extrem an - sie hoffen auf diese Weise, die Situation zu überstehen.

Chronische Sorgen und Ängste binden Energie. Motivierend im Sinne der Lustangst wirken sie nicht. Die Motivation ist negativ: Man lässt sich vieles gefallen, um nur nicht die Sicherheit zu verlieren, die man noch hat. *„Seit einem Vierteljahrhundert erleben wir in der ganzen westlichen Welt, dass Freiheitsthemen gegenüber Sicherheitsthemen zurückgedrängt werden"*, schreibt Peter Sloterdijk. Die vielen Jahre, in denen die Medien (also wir) sich intensiv mit dem virtuell drohenden Damoklesschwert des Terrorismus beschäftigt haben, anderswo die Gefahr von Drohnen, die ohne Vorankündigung ihre Todeslast abwerfen konnten und nicht nur die Auserkorenen trafen, haben dazu beigetragen, dass die Atmosphäre eines allgemeinen Bedrohungsraumes sich verallgemeinerte.

Was hat Corona dieser Situation noch hinzugefügt? Ich habe argumentiert, dass manches darauf hindeutet, dass die Gefährlichkeit des Virus systematisch übertrieben wurde − was nicht bedeuten soll, dass er gar nicht gefährlich und bedrohlich ist und unsere Hilfssysteme nicht stark herausfordert sind. Aber die Bedrohung lebt auch in unserer Vorstellung, und dort kann sie sich besonders gut ausbreiten.

Der Virus hat eine äußere Wirklichkeit – seinen konkreten biologischen Wirkraum – und einen inneren. Mit beiden müssen wir uns auseinandersetzen. Im Außen ist es angebracht, dass wir uns schützen und auf die passenden Maßnahmen verständigen. Und im Inneren? Je mehr ein Mensch das Bedrohliche der Grundstimmung unserer Zeit[44] fürchtet und/oder nicht wahrhaben will, desto mehr an vager Grundangst ist bereits vorhanden. Der neu hinzukommende Virus bietet dann allerdings den Vorteil, in der Vorstellung bzw. thematisch gut greifbar zu sein. Es könnte sein, dass er der Angstmasse ein Thema gibt. Manche Diagnosen sprechen bereits von einer Hysterie.[45] Ich bin mir nicht sicher, ob es wirklich so ist, aber es scheint mir plausibel.

Gewiss gibt es reale Gründe für Angst. Aber es gibt auch einen Angstüberschuss. Nun sind einige der verordneten Maßnahmen so geartet, dass sie in ihren sichtbaren und fühlbaren Auswirkungen die Angst nicht lösen, sondern am Brodeln halten, weisen sie doch ständig auf den Grund hin, warum man Angst haben kann. Menschen mit Masken im Gesicht deuten auf Gefahr hin. Manche Menschen fühlen sich da besonders ausgesetzt. Im inneren Raum der Bedrohung besteht die Gefahr, sich mit den „vielen Opfern" zu identifizieren, weil das für die Psyche wenigstens eine Möglichkeit ist, der eigenen Hilflosigkeit Ausdruck und einen Platz in der Welt zu geben. Die Situation fühlt sich dann subjektiv furchtbar an, und der Verängstigte merkt nicht, dass er oder sie selbst zu dieser Qualität der Furchtbarkeit beiträgt. Unser kognitives System ist ja ständig daraufhin angelegt, Kohärenz herzustellen, also die innen

---

44 Diese Grundstimmung analysiere ich in dem Buch „*Fahrtunterbrechung. In die Krise – aus der Krise hinaus*" (noch nicht erschienen)
45 So auch der Philosoph Markus Gabriel, *NZZ* vom 28.04.2020, „*Wir haben eine politische Monokultur...*"

verspürten Emotionen durch die Lage im außen zu „erklären". Jemand, der Angst hat, wittert überall Gefahr. Und nun liefert die Nachrichtenlage permanent gute Gründe, warum man sich so geängstigt, eingeschränkt und ohne Luft zum Atmen fühlt. Das ist insofern entlastend, als es Sinn macht. Solcherart können sich in einer angstbestimmten Gesellschaft verstärkende Regelkreise von Angst und Sorge ergeben, die eine Eigendynamik entwickeln. Für einen ängstlichen Menschen oder in einer Weltinterpretation, die auf starken Angstströmungen aufsetzt, ist die Welt ein Ort, der sehr gefährlich ist. Gründe gibt es hundertfach. Gefahr lauert an jeder Ecke. Da kann der Abenteurer hundertmal davon erzählen, dass die Welt so gefährlich nicht ist, wenn man nur mit offenen Augen, wachen Sinnen und gut ausgebildeten inneren Vermögen auf sie zugeht.

Leider sind die Mechanismen der kognitiven Selbstüberzeugung auf der Basis bestimmter Stimmungslagen noch nicht allgemein bekannt. Daher gestatte man mir, den Mechanismus noch einmal in deutliche Worte zu fassen: Es gibt also eine Neigung, die Zusammenhänge der äußeren Welt so zu interpretieren, dass sie zu den eigenen Zuständen und Gefühlen passen. Ist das erst einmal geschehen, kann man sich mit eigenen Augen davon überzeugen, dass man gute Gründe hat, so zu fühlen, wie man fühlt, weil ja die Welt genau so ist, wie sie angeblich ist, nämlich bestens geeignet, mir diese Gefühle einzuimpfen. Mit anderen Worten, man löscht sich selbst aus der Gleichung von Welt und Ich heraus. Man hält die Art von Verständnis der äußeren Welt, die man doch selbst miterzeugt hat, für eine Realität, an der man keinen Anteil hat. Und eine solche Tendenz kann nicht nur individuell wirken, in einem einzelnen Kopf, sondern auch in gemeinsamen Weltinterpretationen.

Nun hat es allerdings Folgen für alle, wenn ein normales Gleichgewicht von vorsichtigen und mutigen Impulsen zugunsten der

Ängstlichen und Verängstigten kippt. Das Bedürfnis nach Schutz wird zu einem mächtigen allgemeinen Motiv, aufgegriffen von Menschen und Technologien, die den Anspruch erheben, die Führung zu übernehmen und die Schutzfunktion auszuüben. Ich habe ja bereits früher den sozialpsychologischen Mechanismus beschrieben, dass soziale Gefüge durch eine äußere Bedrohung zu Angstmassen werden können, die auf einem Niveau verringerter Rationalität und größerer Angst funktionieren. Langfristig führt das zu wachsender Abschottung. Individuelle Freiheit wird immer stärker unterdrückt. Außerdem gerät man in Abhängigkeit, wenn man andere dafür für zuständig hält, die eigene Angst zu reduzieren. Das ist sicherlich eine Tendenz, die sich in illiberalen Regelungen niederschlagen könnte, wenn die „allgemeine Bedrohung" durch Corona zu lange anhält.

Was tun gegen die Seuche der Angst? Von dem, was uns stark macht, habe ich bereits gesprochen. Hier möchte ich ein paar einfache Schritte der akuten Angstbewältigung nennen, die dabei helfen können, innere Spiralen der Angststeigerung zu verlassen oder gar nicht erst in solche zu geraten. Meine Ausführungen sind beispielhaft aus einer großen Zahl von Methoden herausgegriffen. Ich will damit klar machen, dass niemand seiner Angst hilflos ausgeliefert ist, selbst wenn sie in einer persönlichen Krisensituation außergewöhnlich stark werden sollte. Es gibt natürlich auch viele Expert*innen, die Erfahrung mit Krisenintervention und psychologischer Begleitarbeit haben und die bei diesen Schritten unterstützen können. Später werde ich auch von Gruppen berichten, in denen man sich gegenseitig unterstützen kann und die für jede Art von Krisenbewältigung hilfreich sind.

Manche Menschen erleiden Situationen der Überforderung des psychischen Systems, die so stark sind, dass sie sich in einem

Panikanfall ausdrücken.[46] Panikattacken sind Zustände, in denen Energie die Psyche überschwemmt, die in dieser Intensität scheinbar unmotiviert ist. *„Eine Panik-Attacke bedeutet letztlich immer, dass Gefühle von solcher Tiefe und Intensität aufsteigen wollen, dass die Ich-Struktur bedroht ist."*[47] Der oder die von Panik Erfasste hat den Eindruck, dem völlig hilflos ausgesetzt zu sein und jede Kontrolle über diesen Ausbruch zu verlieren, was wiederum die Angst steigert. Man muss diesen Kreislauf irgendwie unterbrechen. Selbstverständlich ist es gut, dabei professionelle Hilfe in Anspruch zu nehmen, wenn das gerade möglich ist. Aber auch selbst kann man einige tun, um aus der Panik herauszukommen. Ich zähle ein paar Handlungen auf, die helfen können: Bewusstes Atmen, wobei man darauf achtet, das Atmen zu verlangsamen und zu vertiefen und sich auf die ein- und ausströmende Luft konzentriert. Dabei ist es gut, besonders langsam und lang auszuatmen. Belastung des Körpers durch Aktivitäten wie Liegestützen und dergleichen, die Fäuste anspannen, in die Luft boxen, auf den Boden springen, dabei leicht in die Knie gehen und nach dem Landen bewusst wahrnehmen, wie der Boden das Gewicht des Körpers trägt. Oder kräftig auf den Sohlen landen, damit gegen den Boden stoßen. Helfen kann auch eine eiskalte Dusche oder das kräftige Abrubbeln oder Abklopfen des Körpers. Da das Ich in der Panik den Eindruck hat, seine Grenzen zu verlieren, ist es hilfreich, den Körper seine Begrenzung spüren zu lassen und für starken Berührungskontakt zu sorgen, z.B. indem man sich gegen eine Wand gelehnt hinhockt, dabei die Knie beugt, sie mit den Armen umfasst und an sich presst. Ein Glas

---

46 Ich stütze mich auf die Zusammenstellung *„Was tun bei Panikattacken"* auf der Homepage von Gopal Norbert Klein. Die Gesetzeslage verlangt, darauf hinzuweisen, dass weder er noch ich Ärzte sind. Die hier aufgezählten Möglichkeiten sind demnach kein Ersatz für ärztliche Hilfe, wer sie ausprobiert, tut dies auf eigene Gefahr. Ich kann Ihnen aber immerhin versichern, dass ich aus eigener Erfahrung weiß, wie sich eine Panikattacke anfühlt, und dass mir einige der genannten Handlungen geholfen haben.

47 G. N. Klein, aaO.

heißes Wasser trinken hilft oder eine kräftige Speise zu sich nehmen. Sehr gut ist es auch, nach draußen, am besten in einen Wald zu gehen, dort zu laufen oder sich an einen Baum zu lehnen. *„Durch körperliche Belastung insbesondere in der Natur kann die hohe Ladung, die einst durch lebensbedrohlich oder als lebensbedrohlich empfundene Umstände entstanden ist, kanalisiert werden. Dadurch realisiert das Nervensystem, dass heute gar keine Gefahr mehr besteht und somit wird der Raum frei, diese tiefen Gefühle erfahren zu können. Kommt es zu diesem Durchfluss löst sich die Panik auf, denn sie wird als Schutz nicht mehr gebraucht. Für den Erwachsenen stellen diese Gefühle keine Gefahr mehr dar.“*[48] Im Gegenteil erfährt er wieder viel intensiver die Freude der eigenen Lebendigkeit, ist es einmal gelungen den Knoten der Panik aufzulösen. Ich beschreibe diese Möglichkeiten hier wie gesagt deshalb ausführlicher, weil ich darauf hinweisen möchte, wie viel man selbst konkret tun kann, selbst wenn die Angst so heftig „attackiert“, dass sie den Boden unter den Füßen wegzieht.

Die Auflösung der Angst ist essentiell für unsere Gesellschaften, wenn wir kollektiv stärker und resistenter, auch weniger manipulierbar werden wollen. Jede*r kann sich informieren und auf eigene Verantwortung das Hilfreiche tun, ich gebe hier nur Beispiele. Sie betreffen das Extrem überschwemmender Angst. Aber es gibt viele Möglichkeiten, die Spiralen der Angst kennenzulernen und zu lernen, wie man sie aktiv hinter sich lassen kann. Wenn man sich durch die Situation des Corona-Ausnahmezustandes, den Strom an beunruhigenden Nachrichten und Sorgen um die Zukunft sehr verunsichert fühlt, ist es ratsam, den Konsum von Nachrichten ganz zu beenden oder sehr einzuschränken. Wichtige Informationen kann man sich ja gezielt beschaffen oder durch das Gespräch mit anderen

---

48 Ebd.

Menschen. Stattdessen kann man sich gezielt mit Dingen und Inhalten beschäftigen, die einem gut tun.

Eine konkrete Übung, die einem Nervensystem hilft, das gewohnheitsmäßig in die Unruhe kippt: Man kann sich in der Wohnung umsehen mit der Frage, ob man im Moment akut einer lebensbedrohlichen Gefahr ausgesetzt ist. Das klingt lächerlich, ist aber wirksam. So irgendwie weiß man natürlich schon, dass man sicher ist, aber auf einer tiefen Ebene des Nervensystems ist dieses Wissen noch nicht angekommen. In dieser Selbsthilfeübung geht es demnach darum, noch einmal die Augen groß aufzumachen und nachzuschauen, den Kopf einzusetzen und kurz nachzudenken: *„Aha, stimmt, da ist nichts, was mich im Moment akut bedrohen könnte.“* Und dann mache man sehr deutlich und voll bewusst den Schritt, das tief anzunehmen, was man eben eruiert hat. Und nicht weiter einem gewohnheitsmäßigen, alten Bedrohungsgefühl Raum zu geben, das nichts mit der Gegenwart zu tun hat. Es geht bei so einer Übung nicht um das, was in ein paar Monaten sein könnte, solche Gedanken wären ein Weg, wieder in die Angstschleifen zurück zu fallen.

Wir wissen ja auch, dass der Virus den allermeisten Menschen nicht viel anhaben kann, und dass Angehörige von Risikogruppen sich auch gut schützen können, trotzdem ist dieser Virus in der Vorstellung von vielen ein richtiger Popanz geworden. Auch dafür gibt es mentale Übungen, wie man dem Popanz die Rolle als mentaler Haupt(de)terminator wieder streitig macht und ihn auf ein realistisches Maß reduziert – oder, im eigenen inneren Raum, als Unruhestifter ganz zum Verschwinden bringt. Zwei möchte ich beschreiben. Die erste besteht darin, sich der Erfahrung auszusetzen, wie es ist, sich nicht mehr gegen den Virus zu wehren. Der innere Umschwung besteht darin, auf mentaler oder geistiger Ebene mit dem Glauben aufzuhören, da gäbe es etwas, was man sich unbedingt vom Leibe halten müsse. Man entspannt sich und stellt sich den Virus als Gegenüber vor. Unentwegt „schaut" man darauf, ohne dabei irgend etwas weiteres zu tun, es geht vielmehr gerade darum, in dieser Haltung des Betrachtens zu bleiben. Es gibt keine Notwendigkeit, sich zu fürchten, sich zu wehren oder sich anzuspannen. Der Virus bekommt den ganzen Raum der Aufmerksamkeit. Wenn man dies längere Zeit tut, so wird man feststellen, dass sich eine am Anfang wahrscheinlich vorhandene innere Bangigkeit mit der Zeit auflöst. Schließlich ist der Virus für vieles verantwortlich, was nervt, einengt und bedroht. Das alles darf interessiert gespürt werden. Da das Schauen in seiner Ruhe bleibt, löst sich das Bedrängende mit der Zeit auf, so wie Schnee, der in der Sonne schmilzt. Es bleibt nichts übrig als dieser Raum des geistigen Schauens. Der Übende wird wahrnehmen, wie tief er oder sie selbst mit diesem Raum der Ruhe verbunden ist. Dieser Raum ist kraftvoll, subtil lebendig, und gerade weil er so offen ist, ist er ohne Angst.

Dieser geistige Raum ist real und keine „Einbildung", er ist sogar realer als das, was der Kopf für real halten mag. Wer ihn erfährt und sich auf diese Erfahrung einstellt – sie vielleicht öfter wiederholt – bekommt einen starken Eindruck von der geistigen Basis der eigenen Existenz. Er kann sich aus der gelernten Identifizierung mit dem Leiden und Sorgen lösen. Ich weiß, es gibt Menschen, die solche Übungen für nichtig erklären, weil sie sie für eine Flucht aus der Realität halten, wenn nicht für Humbug. Zu sehr kollidiert sie mit intellektuellen und „wissenschaftlichen" Vorstellungen der Realität, die man für absolut hält. An dieser Stelle möchte ich bloß erwidern, dass die Erfahrung des Seins in der Offenheit nicht bedeutet, dass man im Äußeren handlungsunfähig wird. Es wird sogar leichter, seinen Aufgaben nachzugehen, und man wird sich von einer Stimmung der Angst nicht mehr so leicht einfangen lassen.[49]

---

49 Eine Videoanleitung zur Übung findet sich auf der Homepage von Gopal

Die zweite Übung ist eine geführte Meditation. *„Von der Panik in die Angstkraft"*[50] nennt Vivian Dittmar sie. Ich gebe hier nur eine ganz ungefähre Beschreibung, damit Sie sich von der Art solcher hilfreichen Übungen eine Vorstellung machen können, bevor Sie sie bei Gelegenheit selbst ausprobieren, wenn Sie das möchten. Dittmar geht am Ausgangspunkt davon aus, dass alle unsere Ängste im Grunde oder mit einem Anteil Ängste vor dem Unbekannten und der Ungewissheit sind. Daher gilt es, „das Unbekannte" einzuladen, ihm im eigenen Körper Raum zu geben und damit Kontakt aufzunehmen, und zwar ohne dass es einem dabei vor Angst die Kehle oder den Bauch zusammenschnürt. In dieser Übung spielt das Hineinspüren in den Körper eine große Rolle. Man achtet darauf, wie der Körper reagiert, erlaubt die Angst, und geht dann immer einen Schritt weiter in die Erfahrung. Eigentlich so, wie es Extremsportler auch machen, nur dies ist in diesem Fall Sport in der Tiefendimension des eigenen körperlich-geistigen Vorstellungsraums. Wer sich mit Mut und offener Aufmerksamkeit auf die ungewöhnliche Erkundung einlässt, wird auch hier die Erfahrung machen, dass der innere Raum trägt und auch das Angstzittern aushält. Er wird im „Unbekannten" schließlich einer Kraft begegnen, die sehr lebendig macht. Alle Abenteurer*innen wissen das ja längst. Es geht darum, *„im Vibrieren der Angstkraft das Potential in diesem Unbekannten wahrzunehmen"*.

Natürlich gibt es auch viele sehr unspektakuläre und sozusagen „normale" Wege, der Angst im eigenen Leben ihren angemaßten Raum wieder streitig zu machen. Es nährt und stützt, sich mit den eigenen Wünschen zu beschäftigen. Also in Ruhe herauszufinden, was einem im Leben am Wichtigsten ist und wofür man seine Kräfte

---

Norbert Klein.
50 Zu finden auf ihrer Homepage. Auch der Arbeit von Vivian Dittmar verdanke ich wertvolle Einsichten.

einsetzen möchte. Wie ein eigenes sinnvolles Leben aussieht. In diese Richtung kann man konkrete Pläne machen und sich vorstellen, wie es sein wird, wenn man diese verwirklicht hat. Die Vorstellung schafft innere Orte der Anziehung, an denen man sich selbst Platz nehmen kann. Man kann Zeit dafür verwenden, sich in der Erinnerung mit dem zu verbinden, was man liebt. Liebe ist überhaupt das beste Mittel gegen die Angst. Wenn man alleine lebt, darf man sich auch den eigenen Körper und seinen Bedürfnissen liebevoll zuwenden, sich zum Beispiel einölen und massieren, lautstark singen, tönen und tanzen. Auch das lässt ängstliche Anspannungen wegschmelzen. Anderen zu helfen und sich jetzt für etwas Konkretes zu engagieren kann ein guter Weg sein, seine echten Handlungsmöglichkeiten zu erfahren. Auch das nimmt der Angst Boden weg. Überhaupt sinnvolle Arbeit, etwas (er)schaffen.

Letztendlich geht es darum, dauerhaft zu erkennen, dass es keinen Grund gibt, sich der Angst auszuliefern und in seinen vitalen Regungen zu beschränken. Die zunehmende Angstlosigkeit wird dann auch im äußeren Handeln sichtbar. Wenn der innere Grund trägt, oder das innere Unbekannte, wird der Mensch schließlich auch bereit sein, die Augen zu öffnen und sich auf die äußeren Ungewissheiten einzulassen, ohne in ihnen eine Bedrohung zu sehen.

16. Politische Gefahren

„Man müsste den Leuten sagen: seht, ihr dürft anfangen, einen großen, neuen Anfang machen." (Rainer Maria Rilke)

Slavoj Zizek schrieb in der NZZ vom 13.03.: *„Das die verstörendste Lektion, die die anhaltende Virus-Epidemie für uns bereithält: Der Mensch ist viel weniger souverän, als er denkt. Er trägt weiter, was ihm zugetragen wird. Er spricht und weiß nicht, was er sagt. Er taucht auf – und irgendwann verschwindet er wieder von der Erdoberfläche. Das muss er aushalten können, ohne verrückt zu werden."* Das ist eine der drei, vier interessantesten und denkwürdigsten Statements, die ich zu unserer Situation und der in ihr enthaltenen Lektion gelesen habe. Mit dem Begriff der Souveränität weist Zizek in das Feld menschlichen Handelns und Bestimmens, dem ich mich jetzt zuwenden möchte: der Politik. Die politische Geschichte der neueren Zeit ist ja grob gesagt die, dass „das Volk" sich seine Souveränität gegenüber den gekrönten Häuptern erkämpft hat. Seither betrachtet es diese als sein unveräußerliches Eigentum, so wie es auch in jeder Verfassung von demokratischen Rechtsstaaten gleich am Anfang formuliert wird.

Und unsere politische Wirklichkeit? Wie reagiert die Politik auf die Herausforderung durch den Virus? Können wir unsere Souveränität gegenüber einem Staat, der für sich zurzeit sehr weit gehende Eingriffsrechte reklamiert, überhaupt behalten? Was wollen wir selbst? Werden wir überhaupt noch gefragt (werden)?

Ich habe argumentiert, warum und inwieweit ich von einer systemischen Verzerrung der Wirklichkeitswahrnehmung ausgehe. Die Bedrohlichkeit des Virus wird in der medienvermittelten Vorstellung größer aufgeblasen, als nötig wäre. Aber einerlei, ob ich nun Recht habe, teilweise Recht habe oder gar nicht, die Sicht- und Reaktionsweise, dass diesem Virus gegenüber (bzw. unserer Vorstellung von ihm) äußerst weitgehende Eingriffe gerechtfertigt sind, hat sich fast überall durchgesetzt. Und das verändert unsere Gesellschaften. Man kann sich dem Eindruck der Bedrohlichkeit fast gar nicht entziehen. Berechtigterweise oder nicht, Corona ist zu einer totalen Herausforderung geworden, die sehr weitgehende Eingriffe - in vielen Ländern die Erklärung von Ausnahmezuständen - rechtfertigt. Vergleichbare Auslöser wären ein Krieg oder eine extreme Katastrophe. Dadurch, dass wir und alle Institutionen und Wirtschaftsträger da hineingezogen werden, beißt sich die Katze in den Schweif. Denn unsere so weit gehende Anpassung an die Maßnahmen schafft ja diesen Ausnahmezustand und seine Folgewirkungen mit und macht ihn tagtäglich zu einer Realität. Ob wir uns freiwillig oder halbfreiwillig anpassen ist da von sekundärer Bedeutung. Wir, das Volk, sind jedenfalls die Ausführenden.

Der Zustand einer erzwungenen oder freiwilligen Anpassung könnte noch sehr lange fortdauern, mindestens bis es einen Impfstoff gibt. Es wird bald wieder Erleichterungen geben, gewiss, und Versuche, sich der früheren Normalität anzunähern. Aber einige Vorsichtsmaßregeln der sozialen Distanzierung und allgemeinen Beobachtung werden bleiben. Diese Situation besteht weltweit. Unsere Situation hat zur Folge, dass derzeit politisch-regulatorische sowie technologische Weichen neu gestellt und ausgerichtet werden.

Auch der Historiker Yuval Noah Harari weist in seiner Einschätzung der Lage darauf hin, dass einige der

Neueinstellungen, die jetzt vorgenommen werden, nicht mehr verschwinden werden, selbst wenn wir die Bedrohung durch den Virus glücklich werden überwunden haben: *„Many short-term emergency measures will become a fixture of life. That is the nature of emergencies. They fast-forward historical processes. Decisions that in normal times could take years of deliberation are passed in a matter of hours. Immature and even dangerous technologies are pressed into service, because the risks of doing nothing are bigger.“* Es hat sich gezeigt, dass diese Notfalls-Entscheidungen, die sich jetzt überall in Eilgeschwindigkeit durchboxen lassen und die zum Großteil auch angenommen werden, vor allem die Freiheitsrechte des Individuums betreffen. Vielleicht wird sich begriffsgeschichtlich radikal das verschieben, was wir unter Souveränität verstehen.

Historisch sind wir damit in einem Moment der Weichenstellung angekommen. Es ist gegenwärtig der Moment für jeden Menschen, der Anteil nehmen möchte an der Politik und am Gemeinwohl, sich zu fragen: Was von diesen politischen Weichenstellungen wollen wir eigentlich mittragen?

Und wie weit? Wo müssen wir aufpassen und wo uns entschieden zur Wehr setzen? Und eine in eine andere Richtung zielende Politik ins Spiel bringen?

Ich sage es noch einmal: Der Moment, sich zu interessieren und zu Wort zu melden ist jetzt, nicht in einem halben Jahr oder in einem Jahr, wenn vieles, was sich jetzt andeutet und durchsetzen könnte, kollektiv längst gegessen und schulterzuckend - „wir haben ja keine andere Wahl...“ - akzeptiert ist. *„Tatlosigkeit im Zeitpunkt einer Feuersbrunst ist unentschuldbar.“* (Gandhi)

Die politische Feuersbrunst, die sich weltweit ausbreiten und vieles, was uns lieb und teuer war, zerstören könnte, hat drei

Besonderheiten, die den kritischen Umgang mit ihr besonders schwer machen: Erstens scheint sie gerechtfertigt – und ist es bis zu einem gewissen Grad auch. Zweitens ist sie zur selben Zeit blitzschnell und schleichend. Und drittens enthält sie ein „entschuldigendes" virtuelles Moment, denn das, was jetzt - „vorläufig" - eingeführt und durchgesetzt wird, könnte ja durchaus wieder aufgehoben werden, wenn es die Situation nicht mehr erfordert. Es könnte allerdings auch sein, und das ist nach den Erfahrungen der Geschichte mehr als nur wahrscheinlich, dass einiges davon nicht mehr aufgehoben wird und Teil einer „neuen Normalität" wird, und zwar einer Normalität, die in ihren Konturen nicht vom politischen Souverän durchdacht und gewünscht wurde. Nämlich von uns. Stattdessen könnte sie uns als „neue Notwendigkeit" verkauft und durchgesetzt werden. Das wäre eine Überrumpelung und ein Raub an Souveränität. Können wir das wollen?

Unsere Situation ist weder einfach noch eindeutig. Denn sie gibt ja auch Anlass zu politischen Hoffnungen und Träumen. „*Covid-19 is showing us that when humanity is united in common cause, phenomenally rapid change is possible. None of the world's problems are technically difficult to solve; they originate in human disagreement. In coherency, humanity's creative powers are boundless.*"[51] Es sind also quasi über Nacht sehr gewachsene Handlungsspielräume für zukünftige Herausforderungen sichtbar geworden, die zuvor niemand für möglich gehalten hätte. Wenn Regierungen und ihre Bürger*innen jetzt in ihr Mindset aufnehmen, wie schnell und umfassend es eigentlich möglich ist, auf eine große Herausforderung zu reagieren und sich Aufgaben zu stellen, vor denen wir bisher ausgewichen sind, weil man sich für unlösbar hielt, dann kommt das einer politischen Revolution gleich.

---

51 Charles Eisenstein, „The coronation"

Was wir derzeit durchmachen ist eine politische Lernerfahrung ersten Ranges. Wenn wir uns darin als Akteur*innen erfahren, nicht bloß als Erleidende und politisch Unterworfene, die einfach nur gehorchen müssen, dann haben wir allen Grund, Stolz und Zuversicht aus unserer kollektiven Leistung zu schöpfen. Das Meistern der Corona-Herausforderung könnte unser politisches Selbstbewusstsein stärken. Und uns wie gesagt das Bewusstsein vermitteln, dass wir fähig sind, scheinbar übergroße politische Aufgaben gemeinsam anzupacken.

Welche der beiden Geschichten wählen wir?

Selbstverständlich macht es einen Unterschied, ob die Lernerfahrung Corona unter demokratischen, diktatorischen oder totalitären Voraussetzungen geschieht. Ist es unsere Macht, die wir da erfahren – oder eine andere Macht, „der wir uns fügen müssen"? Ist der Virus ein Feind, der nie mehr von der Bildfläche verschwinden wird, oder ein Geburtshelfer?

Ich lade Sie nun ein zu einem informativen Rundgang, der unsere Wahrnehmung in dieser Hinsicht schärfen soll. Wir wollen uns einen Eindruck der Tendenzen verschaffen, wie sie sich vor oder fallweise schon nach dem Höhepunkt der Bedrohung zeigen. Ausgewählt habe ich Taiwan, China, Österreich, Ungarn, Großbritannien, Frankreich und Indien. Es handelt sich um Schnappschüsse, nicht um vollständige Analysen.

Es ist bekannt, dass einige asiatische Länder, die ja generell als viel konformistischer gelten als unsere europäischen, die Corona-Herausforderung außergewöhnlich gut bewältigt haben. Darunter fällt beispielsweise auch Taiwan, das durch die SARS-Krise des Jahres 2003 recht gut auf einen Alarmfall Pandemie vorbereitet war. Hier wurde am Beginn des Auftauchens erster Erkrankungsfälle nicht erst einmal abgewartet, man handelte sofort. Ich zitiere eine längere Stelle aus einer Reportage, in der ein Universitätsprofessor Chan zu Wort kommt: *„Unsere Maßnahmen basieren auf fortgeschrittener Informationstechnologie, den ausgebauten digitalen Kommunikationsnetzwerken und der schnellen Datenanalyse."* Außerdem stelle es kein großes Problem dar, die Bevölkerung dazu zu bringen, sich an die Vorschriften zu halten. Die Taiwaner haben laut Chan großes Vertrauen in die Regierung: *„Unsere Bevölkerung scheint in der aktuellen, kritischen Zeit die öffentliche Gesundheit über ihre eigene Freiheit zu stellen. Von einer vertrauenswürdigen Regierung überwacht zu werden, scheint für unsere Bürger in Ordnung zu sein."* Wann ist eine Regierung vertrauenswürdig und wann nicht?

Schnelles und wirksames Handeln trägt in einer pandemie-artigen Krise offensichtlich sehr zur Vertrauensbildung bei. Das lernen derzeit Regierungen, die sich zu spät festgelegt haben. Hätten sie nämlich früher die Gefahr erkannt, oder exakter: ihre Bedrohlichkeit ernst genommen, dann hätten sie in einer Zeit entschlossen handeln können, als die Maßnahmen noch hätten begrenzter ausfallen können. Die Kosten wären viel geringer gewesen und die Ausnahmesituation – wenn sie überhaupt notwendig gewesen wäre – wäre früher durchgestanden gewesen. *„Politik muss bei erkennbaren Sachfragen rascher und zielorientierter handeln"*, schlussfolgert ein Kommentator. *„Handelt der Staat sichtbar entschlossen im Sinne von Gefahrenabwehr, verliert populistische Systemkritik an Glaubwürdigkeit."* Tut ein Staat entschlossen und rational nachvollziehbar das, wozu eben er da ist – als Ausdruck der Interessen seiner Bürger*innen – dann braucht es keine Kritik. Eine kritische Öffentlichkeit ist wie ein Teil der Feuerwehr, dazu da, Brandgeruch wahrzunehmen. Und auf jene Bereiche zu achten, wo ein Brand entstehen könnte.

Das Experiment eines „leninistischen Staatskapitalismus", das in China läuft, wurde durch den Umgang mit der Corona-Herausforderung gestärkt. Die Politik der ziemlich totalen Kontrolle hat jetzt die zusätzliche Legitimität durch den Virus bekommen, die sie sich nur wünschen konnte. Man braucht dafür nicht die Behauptung in Umlauf zu setzen, China oder irgendein anderes Land hätte diese Situation eines Ausnahmezustandes „gewollt": *„Die Machthaber hatten mit Sicherheit keine Neigung, ihre Wirtschaft über Monate komplett lahmzulegen. Sie haben dies offenkundig getan, um als Staat nicht zu zerfallen. Dass ihnen durch die Seuchenbekämpfung nun Instrumente zur Verfügung stehen, das Volk an der ganz besonders kurzen Leine zu führen, ist ein schrecklicher Nebeneffekt."*[52]

Die Meisterung der Situation – wenn auch mit Anfangsschwierigkeiten – machte das Regime stärker. Es verfügt nun über noch bessere Mittel und schon eingeübte Verfahren, seine Absichten der Meinungs- und Verhaltenskontrolle durchzusetzen. Eine leninistische Orientierung bedeutet übrigens, dass die führende Partei, die sich im Wesentlichen als identisch mit dem Staat sieht, davon ausgeht, dass das Volk – natürlich zu seinem Besten – erzogen werden muss. Je besser die Maschinerie der Überwachung und Kontrolle wird, desto weniger Möglichkeiten bleiben den Bürger*innen, sich nicht konform zu verhalten. Menschliche Freiheit zieht sich in letzte innere Residuuen zurück oder verdampft – abgesehen von Lebensbereichen wie dem Konsum, wo sie erwünscht ist.

Die Lektion aus China für die ganze Welt war wahrscheinlich, dass Staaten auf die Bedrohung der Gesundheit ihrer Bürger*innen reagieren müssen, wenn sie nicht *„als Staat zerfallen"* bzw. ihre Legitimität verlieren wollen. Deshalb reagieren sie auf die Bedrohung

---

52 Adam Soboczynski in der Zeit vom 2. April 2020. Sein Artikel „Made in China" liefert eine gute Momentanalyse.

der Gesundheit vor allem dort, wo es für sie gefährlich werden könnte. Gefährlich würde es, wenn die Überforderung des Gesundheitssystems offensichtlich und für alle sichtbar ist, dann wird ein Versorgungsversagen zu einem sichtbaren Systemversagen. Ich sage das explizit, weil es viele gesundheitliche Probleme mit sehr vielen vermeidbaren Toten gibt – auch in sogenannten reichen Staaten – auf die das öffentliche Gesundheitssystem und die Politik kaum reagieren, wie zum Beispiel die Dickleibigkeit[53]. Und keine öffentliche Wahrnehmung lastet ihm das an.

Müssen auch in Europa die Menschen erst zu ihrem Besten erzogen werden? Österreich liefert das Modell eines Staates, der in Eigen- und vielleicht auch Fremdwahrnehmung vorbildlich mit der Situation umgegangen ist. Man schreibt seiner Bevölkerung eine gewisse eingefleischte Neigung der Autoritätsgläubigkeit zu, und das ist in dieser Situation ein großer Vorteil. Geführt wird das Land zudem von einem Kanzler, der die „Mission Control" von Anfang an zum wichtigsten Prinzip seiner Politik gemacht hat. Mission Control heißt, dass viel Wert auf einheitliches Auftreten der Regierung nach außen und leicht eingängige, stereotype Formulierungen gelegt wird, die die Realität politischer Meinungsverschiedenheit oder einer möglichen Kontroversialität[54] verdecken. Sie verlangt also auch ohne Corona von vornherein ein hohes Maß an Disziplin. Zum Gesamtbild der Mission Control gehört die stets glatte

---

53 Von der nach Ch. Eisenstein etwa 100 Millionen US-Bürger*innen betroffen sind und die ganz gewiss sehr, sehr viele frühzeitige Tode am Kerbholz hat.

54 So hat der einzige Experte für Gesundheitswissenschaft das Beratergremium der Regierung verlassen, kurz nachdem er in einem sehr langen und ausgewogenen Interview unter anderem gesagt hatte, dass der gewählte gesundheits-politische Ansatz aus seiner Sicht immer noch viel zu eindimensional unterwegs sei. Kurzer Kommentar nach dem Rücktritt: Er zöge es vor, ein Privatmann zu sein, der seine wissenschaftliche Ansicht auch öffentlich vertreten dürfe.

Erscheinungsweise und eine professionelle höfliche Freundlichkeit des Kanzlers. Kritisches Nachfragen ist nicht erwünscht.

Ebenfalls schon vor der Corona-Krise hatte die Regierung gute Zustimmungswerte, in der Krise sind sie noch einmal deutlich gestiegen. Tatsächlich kann der Kanzler ein paar Wochen nach dem weitgehenden Shutdown Erfolge verkünden. Die Maßnahmen waren hart, wurden aber gut kommuniziert, mit zeitlicher Vorankündigung und gerade immer so großen Informationspaketen, wie für die aktuelle Situation erforderlich. In bewährter Salamitaktik werden die Zumutungen der Bevölkerung nur scheibchenweise bekanntgegeben, immer nur das, „was jetzt wichtig ist" und „was man jetzt schon sagen kann". Man verweist ständig auf notwendige Neueinschätzungen und Evaluierungen.

Zum Erfolg des österreichischen Modells gehört die andere Seite der Medaille, dass sich nämlich die Bevölkerung sehr weitgehend und fast ohne Murren an die Maßnahmen gehalten hat. Mir ist aufgefallen, dass viele Menschen weit mehr Abstand halten als die empfohlenen zwei und den vorgeschriebenen einen Meter, oder dass Züge leer sind, obwohl juristisch im Graubereich bleibend, ob man sie auch aus Privatmotiven benutzen darf. Und das alles ohne die Präsenz von Militär oder massiven Polizeieinheiten. Jedenfalls wirken in Österreich Appelle sehr gut. Der Kanzler rät dringend ab, seine Verwandten zu Ostern zu besuchen. Der in Österreich sehr einflussreiche und stets mit Steuermitteln gut dotierte Boulevard titelt: *„Jetzt macht einfach jeder mit."* Und: *„Wir halten jetzt alle zusammen!"*

Von Aussagen wie diesen geht in meinem Land ein gewisser Druck aus, denn schließlich wird niemand vorab gefragt, ob er oder sie denn mitmachen möchte. Die Bevölkerung lässt sich die Autorität der regulierenden Politik im Großen und Ganzen gefallen. Eine politische Gefahr entsteht, wenn dieser „*Verlautbarungsmodus*"[55] auf der einen, braver Gehorsam auf der anderen Seite für die Normalität gehalten werden. Schließlich gibt es gerade in Österreich reichlich historische Erfahrung damit, dass politischer Paternalismus auf der einen, eine verallgemeinerte Gehorsamkeitsmentalität auf der anderen Seite auch schnell aggressiv werden können und dann alles, was da nicht mitmacht, ins Eck gedrängt oder inkriminiert wird.

Im Nachbarland Ungarn bläst nicht erst seit Corona ein deutlich schärferer Wind. Der mächtige ungarische Kanzler hat bekanntlich die liberale Demokratie als Feind ausgemacht und vertritt jetzt eine illiberale, also eine Politik, die sich ausdrücklich gegen liberale Freiheitsrechte wendet. Schon lange geht es ihm darum, die „Nation" zu stärken und hinter sich zu vereinen. Die zu vertretenden „ungarischen" Werte, für die der Staat sich einsetzen möchte, werden der Bevölkerung vorgeschrieben und von klein auf vermittelt. In so einem Land wird Kritik gefährlich, vielleicht noch nicht direkt, denn verboten ist sie nicht, aber indirekt durch öffentliches Schneiden und Aushungerung. Ungarn ist am Weg in die große politische Homogenität – von Staats wegen vorgeschrieben. Wie nützt eine solche, demokratisch gewählte Regierung die Corona-Situation? Zum Beispiel durch die Anmaßung, zwischen „wahren" und „falschen" Nachrichten administrativ zu unterscheiden. Für die „Verbreitung von Falschnachrichten über das Coronavirus und die zu seiner Eindämmung verhängten Maßnahmen" drohen bis zu fünf Jahre Gefängnis. Also ist öffentliches Meinen doch verboten, wenn es in die falsche Richtung meint. Der Kanzler hat im Parlament eine ganz knappe Zwei-Drittel-Mehrheit. Die brauchte er aber, um einen zeitlich unbegrenzten Ausnahmezustand einzusetzen, der es ihm auch erlaubt, das Parlament aufzulösen. Nach einem

---

55 Eine Formulierung des Journalisten Niko Alm (*Addendum*)

regierungskritischen Medium – es gibt sie noch – appellierte er an die Abgeordneten seiner Regierungspartei: *„Ich brauche 133 mutige Leute, die 133 mutigsten Leute des Landes!"* Er hat sie bekommen.

Auch im (neuzeitlichen) Mutterland der Demokratie, in Großbritannien, wollte der Kanzler zunächst eine ermächtigende *„Coronavirus Bill",* die zwei Jahre gültig sein sollte. In diesem Fall haben aber angehörige der eigenen Partei interveniert, die Situation muss nun alle 6 Monate überprüft und parlamentarisch verlängert werden. In Großbritannien gibt es eine skeptische Opposition, die auch nicht vergessen hat, dass es Ergebnis einer bestimmten Politik war, die zu einer in dieser Situation jetzt sich fatal auswirkenden Vernachlässigung des öffentlichen Gesundheitssystems geführt hat: *„Diese Pandemie sollte nicht als Deckmantel für etwas dienen, das man als Putsch der Exekutive bezeichnen könnte, wenn sie wie geplant voranschreitet",* sagte ein Angehöriger der Opposition.

Der französische Präsident hat bei seiner Ansprache zur Einführung der Ausgangsbeschränkungen davon gesprochen, das das Land sich im Krieg befinde: *„Nous sommes en guerre!"* Der Ausdruck „Krieg" kam in dieser Rede gleich sechsmal vor. Solche politische Rhetorik dient dazu, die Bevölkerung darauf einzuschwören, die verhängten Maßnahmen auch tatsächlich zu akzeptieren und mitzutragen. Es mag sein, dass das in einem Land, in der der Ungehorsam und der Protest auf der Straße eine große Tradition hat, erforderlich schien. Schon der französische Philosoph Michelle Foucault hatte belegt, dass „während einer Seuche die Fügsamkeit der Untertanen der politische Traum eines jeden Regierenden sind"[56]. Frankreich zählt zu den Ländern mit den allerschärfsten Auflagen. So durfte man die Wohnung schließlich nur mehr für

---

56 *„Propaganda hat jetzt Hochsaison",* die Historikerin Barbara Stelzl-Marx im *„Kurier",* 29. März 2020.

maximal eine Stunde verlassen und nur im allernächsten Umkreis einkaufen, und auch diese Absicht musste man schriftlich dokumentieren. Ungeschönte Drastik – als Druckmittel den europäischen Nachbarn gegenüber? - vermitteln auch Aussagen des Finanzministers, ganze Teile der Wirtschaft könnten in der Krise vernichtet werden. Auch dieses Verb entspricht der Kriegsrhetorik. Die Politik der Regierung und des Präsidenten kommt bei der Bevölkerung nicht so gut an. Hatten Mitte März noch 55% der Menschen Vertrauen in die Regierung, so waren es Anfang April nach einer neuen Umfrage nur mehr 38%.

Ich habe für diesen Rundgang nur ein Land ausgewählt (neben China vielleicht), in dem es große Bevölkerungsgruppen gibt, die nach wie vor täglich um ihr nacktes Überleben kämpfen. *„Man kann eine Ausgangssperre in einem Land durchsetzen, in dem Menschen ein Dach über ihrem Kopf haben und jeden Monat ein Gehalt erhalten"*, sagt der indische Autor und Aktivist Harsh Mander. *„Aber nicht bei uns, wo manche zu zehnt in einer Hütte wohnen und kein fließendes Wasser haben, um sich die Hände zu waschen."* In Indien wurde die Ausgangssperre ohne Vorankündigung quasi über Nacht eingeführt. Sie betrifft 1,37 Milliarden Menschen. Diese sollen nach den Worten des Premiers *„vergessen, was es heißt, vor die Tür zu gehen."* Egal, in welches Land man schaut, eine Gemeinsamkeit ist, dass arme Menschen viel stärker unter den Maßnahmen leiden als reichere. Zu größeren materiellen Sorgen und teilweise schlechterer medizinischer Versorgung kommt der beengte Wohnraum, oft in Vierteln, die sowieso schon beengt sind. Aber nirgendwo zeigt sich dieses Ungleichgewicht in der Verteilung der Kosten drastischer als in dem Land mit der zweitgrößten Bevölkerung der Welt. Die armen Tagelöhner*innen und Bettler*innen waren sich selbst überlassen. Zehntausende begannen den Marsch in ihre Heimatdörfer, kaum versorgt mit dem Notdürftigsten. Es kam zu Gewaltakten der Staatsorgane, die glaubten, prügelnd eingreifen zu müssen. Dies geschieht in einer Situation, wo der Virus noch gar nicht so richtig im Land angekommen ist. Die überstürzte oder kopflose oder völlig skrupellose Aktion der Regierung dürfte mehr Chaos anrichten und Not verbreiten, als der Virus. Harsh Mander: *„Alles, was jetzt passiert, war abzusehen. Mir kommt es so vor, als hätte die Mittelklasse Angst vor Corona, und um sich zu schützen, hat man beschlossen, die Armen unter den Bus zu werfen."*

In allen Ländern werden die Maßnahmen von oben verordnet. Das entspricht der Ausnahmesituation, dem emergency case, in dem keine Zeit ist, lange und breit und vor allem unter Einbezug der Bevölkerung zu diskutieren und abzuwägen, was nun zu tun sei. Insofern gleicht die Situation tatsächlich ein wenig der auf einem Schlachtfeld, wo es Strategien Entwickelnde, Planende, Befehlende, Ausführende und Kontrollierende geben muss. Es braucht in so einer Situation auf der Ebene der Politik gute Beraterstäbe und klare Entscheidungsstrukturen sowie die Fähigkeit, die Notwendigkeiten auch gut zu kommunizieren. Alles das kann gut gelingen oder auch gründlich schief gehen. Auf der anderen Seite braucht es die Bereitschaft der Bevölkerungen, die beschlossenen Maßnahmen mitzutragen. Doch wie lange wollen diese sich ihren Befehlshabern unterordnen, vor allem dann, wenn es Zweifel an der gewählten Strategie gibt und wenn absehbar wird, dass in der Situation des Ausnahmezustandes starke politische Versuchungen entstehen, die Souveränität zeitweise, oder für etwas längere Zeit, oder gar unbegrenzt sich anzueignen? Im Kriegsfall müssen Soldaten wie Zivilisten gehorchen. Dafür sorgt das Kriegsrecht und die militärische Disziplin, der alle Kämpfenden unterworfen sind. Doch wir haben keinen Krieg. Es gibt keinen Feind, der uns zu vernichten droht.

Es zeigen sich nun mehrere Pfade, die in unterschiedliche Zukünfte führen. Im besten Fall löst sich der ganze Spuk bald auf, die Regierungen planen und die Bürger*innen fordern die Rückkehr zu einem normalen Alltagsleben (nach den bisherigen Standards). Im schlechtesten Fall werden wir des Virus und seiner Bedrohung (auch in unseren Köpfen) lange Zeit nicht Herr. Die Maßnahmen des Social Distancing und der ständigen Kontrolle werden uns als neue Normalität schmackhaft gemacht oder verordnet. Die Regierungen behalten ihre Sonderrechte, wenn es darum geht, die Bevölkerung „vor dem Virus zu schützen". Sie behalten sie auch nach der Verfügbarkeit einer Impfung gegen SARS CoV-2, denn nach dem Virus ist vor dem nächsten Virus, und so müssen wir uns von nun an vor dieser ständig drohenden potentiellen Gefahr schützen. Das wäre in meinen – und sicher nicht nur in meinen – Augen ein Sieg der Angst. Die dauerhaften Kosten an menschlicher Substanz und Lebendigkeit wären gewaltig. Und die politische Souveränität läge nicht mehr in unseren Händen.

Ich frage mich, wie es sein kann, dass ein großer Repräsentant und Verantwortungsträger – in diesem Fall der Repräsentant der Vereinten Nationen – in dieser schwierigen Situation vor die Öffentlichkeit treten kann mit der Aussage, er, Antonio Guterres, glaube, dass es in Zukunft vermehrt zu bioterroristischen Angriffen kommen könne, die auf eine Pandemie wie der gegenwärtigen abzielen könnten? So gießt man Öl ins Feuer der Angst, und das zu einem Zeitpunkt, wo es darum ginge, den Brand so begrenzt zu halten wie möglich. Wörtlich sagte Guterres bei einem Treffen des UN-Sicherheitsrates: *„Die Schwächen und mangelhafte Vorbereitung, die durch diese Pandemie offengelegt wurden, geben Einblick darin, wie ein bioterroristischer Angriff aussehen könnte – und erhöhen möglicherweise das Risiko dafür."* Das Vorgehen gegen die

Pandemie bezeichnete er als *„Kampf einer Generation"*. Auch der Sicherheitsrat müsse sich in diesem Kampf engagieren. Man darf gespannt sein, wie der Sicherheitsrat sich in dieser Sache engagieren wird.

Wäre es nicht besser, etwas mehr *„Seelenkraft"* (ein Ausdruck Gandhis) in dieser unserer Situation zu mobilisieren? Ja, ich denke, der Begriff der Souveränität wird sich verschieben, er sollte sich verschieben, indem wir in seine Formulierung einbeziehen, was es bedeutet, als sehr verletzlicher und abhängiger Teil in der Biosphäre eines Planeten zu leben, der wir unser Leben verdanken – und die wir durch unser Leben bedrohen. Souveränität wird das Netzwerk des Lebens in ihre logische und politische Infrastruktur einbeziehen müssen. Auf diesen Souveränitätsbegriff bin ich sehr neugierig. Er wird uns nicht mehr ganz so selbstmächtig zeigen, aber das, was wir unser Selbst nennen, wird mächtig erweitert sein. Damit einher geht ein neues Bewusstsein von dem, was der Mensch eigentlich ist. Insofern gebe ich Slavoj Zizek völlig Recht: *„Der Mensch ist weniger souverän, als er denkt."* Eine andere Philosophin, Ariadne von Schirach, formuliert das, worum es im Big Picture geht – das über Corona weit hinausgeht - so: *„Gelingt es, uns neu zu besinnen (...), womit wir (...) unser eigenes Verhältnis zur Natur, den Tieren und unserer Lebendigkeit umfassender begreifen und gestalten? Oder kippt es in einen gewaltbereiten Nationalismus und noch nicht vorstellbare Formen von Überwachung, Ausbeutung und Einsamkeit?"*

17. Pause nutzen

„Das Schicksal wird nicht außerhalb des Menschen bestimmt, sondern entsteht aus ihm selbst" (Rainer Maria Rilke)

Es ist ein Ausdruck von Selbstverantwortung, wenn jetzt viele Menschen nicht einfach abwarten, was da in Zukunft noch alles auf sie zukommen wird, sondern das Ruder selbst in die Hand nehmen. So entsteht eine Erfahrung von Selbstbestimmung und persönlicher Souveränität. Es mag für manche paradox klingen, sich gerade in einer Zeit äußerer Einschränkung und besonderer Belastung für inneren Selbstausdruck und die Erfahrung einer größeren Freiheit zu entscheiden – aber das ist eben Ausdruck der größeren Bemühung, die in einer Zeit der Bedrängnis und Infragestellung nötig ist.

Es gibt Extrembeispiele von Menschen, die im Gefängnis zu innerer Befreiung und großer persönlicher Stärke gelangt sind – Nelson Mandela, der 27 Jahre seiner äußeren Freiheit beraubt war, ist das bekannteste. Aber auch im Unscheinbaren entfaltet sich Wirkung. Es geht gar nicht darum, der große Heroe, eine Heldin zu sein. In dieser Krise sind die Ausgangsbedingungen sehr verschieden, manche haben Anlass, sich große Sorgen zu machen, manche sind überlastet, weil sie mit Arbeit und Kindern zuhause zurechtkommen müssen, andere arbeiten Schicht oder halten es in der Enge einer Partnerschaft nur mehr schwer aus oder sitzen allein zuhause, schrieb ich, und es fällt ihnen die Decke auf den Kopf. Das Erste, was zu tun ist, ist für alle gleich: Die Situation annehmen, so wie sie ist. Es hat keinen Sinn, gegen das, was im Moment nicht zu ändern ist innerlich anzukämpfen. Ich rede nicht von dem, was durch Aufmerksamkeit und Aktion geändert werden kann und wo es also Handlungsmöglichkeiten gibt, sondern von den Bedingungen der kollektiven Situation, die den Moment definieren.

Corona hat eine Generalpause eingeläutet, die sich wie eine Welle über den ganzen Erdball ausbreitet, schrieb ich. Überall sind Routinen und Gewohnheiten unterbrochen. Es braucht normalerweise eine besondere Entschlossenheit, eine Unterbrechung im eigenen Leben zuzulassen, nämlich eine solche, die uns zwingt, mit einer Gewohnheit aufzuhören und die Bedingtheiten, innere Form und Struktur unseres Lebens deutlicher zu spüren, vielleicht sehr gründlich darüber nachzudenken. Die Corona-Situation zu akzeptieren bedeutet auf persönlicher Ebene vor allem das Annehmen dieser Pause, dieser großen Unterbrechung.

Auf die Frage, was der oder die Einzelne denn nun machen kann, würde ich als erste Antwort sagen: Die Pause annehmen, sie ganz akzeptieren, vielleicht sogar so, als würde sie einem tiefen Wunsch entsprechen. Warum hören Musiker*innen in einem Stück auf zu spielen? Um mitten im Stück zu horchen, aufeinander zu warten, das Sein der Zeit wahrzunehmen, um sich zu sammeln, um ein Gespür für die gemeinsame Situation und vielleicht einen kräftigen Impuls für den Neueinsatz zu bekommen. Es ist ein Ende und ein Anfang mitten im Stück. Was die Corona-Pause betrifft: Die allgemeine Pause und Unterbrechung kam sozusagen über Nacht und war plötzlich allgemeine Wirklichkeit, man spürt den Rhythmus des Taktes des Stückes noch innerlich, schrieb ich, man wartet mal und horcht. Ich nehme dieses unerwartete Geschenk, die geschenkte Möglichkeit, mich auf mich selbst und mein Sein im Ganzen des Stücks zu besinnen, gerne an. Erst gestern wurde ich durch das Radio daran erinnert, dass auch der Dichter Paul Celan eine

„*Corona*" hinterlassen hat, im Gedenken an seine unwahrscheinliche Geliebte Ingeborg Bachmann, und darin heißt es: „*Wir stehen umschlungen im Fenster, sie sehen uns zu von der Straße: / es ist Zeit, dass man weiß! / Es ist Zeit, dass der Stein sich zu blühen bequemt, / dass der Unrast ein Herz schlägt. / Es ist Zeit, dass es Zeit wird. / / Es ist Zeit.*"

In der Pause wird zweierlei sicht- und greif- und vielleicht sogar begreifbar: Das, was uns normalerweise in Unrast umtreibt – dem schlägt jetzt ein Herz – und die Zeit selbst, die jetzt eine besondere Qualität bekommt. Das Warten außerhalb der Routine ist nicht außerhalb der Zeit. Es ist Zeit.

Ich weiß nicht, schrieb ich, worauf Sie warten, was Sie machen werden oder was Sie erleichtern wird, wenn wir die Auflagen der Corona-Ausnahmesituation wieder ablegen können und uns umblicken werden, um mit allen Poren aufzunehmen, wie es ist, wenn die größere Nähe wieder zu uns treten darf. Oder um zu sehen, was dann alles aufzuräumen, zu flicken und zu bezahlen und neu, womöglich anders anzugehen sein wird. Aber jetzt geht es darum, das Besondere dieser Generalpause zu schätzen und wahrzunehmen: „*Es ist Zeit, dass es Zeit wird.*" Der Dichter hat die Pause sogar als Leerzeile in sein Gedicht eingebaut.

Ich hoffe, dass viele Menschen diese Pause auch genießen können, indem sie nicht so sehr den Tendenzen Raum geben, die mit aller Kraft oder ganz verzweifelt daraus sofort wieder hervordrängen wollen. Sodass vielleicht auch der Stein darin, das Harte an dieser Situation, zu blühen beginnt. Gewiss gibt es auch große Not, und ich spreche jetzt gar nicht von der materiellen in manchen Ländern und Ecken, sondern von der psychischen Not durch das, was uns auferlegt ist. Es zeigen sich Wege der Linderung, sogar der zarten Entfaltung und des Wachstums, die man sonst nicht gesehen und ausgesucht hätte. Der geistige Lehrer Omraam Mikhael Aivanhov, den ich dank der Corona-Pause entdeckt habe, sagt: *„Wie oft habt ihr schon eure Lebenskraft verschwendet, weil ihr Dingen nachlaufen wolltet, die nicht so wichtig sind, wie das Leben selbst. Habt ihr je darüber nachgedacht? Wenn ihr dem Leben den ersten Platz einzuräumen wüsstet, wenn ihr daran dächtet, es zu bewahren, zu schützen und in größter Unversehrtheit und Lauterkeit zu erhalten, hättet ihr immer mehr Möglichkeiten, das Gewünschte zu erlangen. Denn gerade helles, erleuchtetes und intensives Leben kann euch das alles geben.“* Es ist dies ein Blick auf das innere Leben, das die Voraussetzungen für das äußere schafft.

Eine Pause erlaubt endlich, diese Frage nach dem hellen, erleuchteten und intensiven Leben tiefer zu stellen. War es vor der Pause wirklich so gut, wie man es haben wollte? Hat man dem Leben den ersten Platz eingeräumt, daran gedacht, es zu schützen und in Unversehrtheit und Lauterkeit zu erhalten? Und wenn nicht: Wo nicht und was ist da zu ändern?

Das Leben ist nicht verschwunden oder verringert, nur weil jetzt so eine allgemeine Pause auferlegt ist und viele Zerstreuungs-, Genuss- und Berührungsmöglichkeiten wegfallen. Das Wasser des Lebens versiegt nicht, aber es muss sich gegenwärtig teilweise andere Verläufe suchen, teilweise auch unter der Oberfläche sammeln. Man kann hoffen, dass es tiefere Schichten erreicht, man kann dem in sich nachspüren, wie es die Dichter*innen, Denker*innen und Weise tun. Sinnieren, in Ruhe in sich sinken, die Ratlosigkeit freundlich begrüßen, dableiben und nicht weggehen, nicht von der Stelle weichen. Sich nicht ablenken. Das ist eine – Arbeit? Nein, es ist etwas anderes – das, was jetzt getan werden kann.

Nicht alle sind wie gesagt in derselben Situation. Manche fühlen sich überfordert, und es fehlt ihnen der Raum, sich von dem Übermaß des zu Tuenden zu befreien. Sie hängen in ihren Pflichten, und die noch zu erledigenden Aufgaben hängen an ihnen. Gerade diese befangenen Menschen müssen es auch für sich tun, denn niemand anderer kann es für sie, sich zwischendurch dennoch Raum zu nehmen, um in ihrer Situation nicht zu verkommen. Gerade diese müssen sich Pausen nehmen, wenn sie nicht mit der Zeit ganz zuwachsen wollen in ihrem von außen Gefordert-Sein. Sonst besteht das Risiko der Aushöhlung, oder sie verpassen den Moment, wo eine andere Stimme sich meldet. „Wir haben keine Zeit – also müssen wir langsamer tun!"

Freilich gibt es Menschen, schrieb ich, die in der Ausnahmesituation gar keine andere Wahl haben, als alles zu geben: Pfleger*innen, Lieferant*innen, Ärzt*innen... Das Alles-Geben enthält die Notwendigkeit einer Selbst-Aufgabe, das egoistische Denken tritt in den Hintergrund. Zugleich erzählen Menschen, die dies erfahren, wie erfüllend es sein kann – wenn das Alles-Geben mit eigener Zustimmung und in Bezug auf etwas geleistet wird, was sinnvoll ist. Vielen Religionen gilt der Dienst an anderen als der Königsweg der persönlichen spirituellen Entwicklung. Im *bhakti* des Yoga zum Beispiel, der tätigen Nächstenliebe, oder in der *caritas* des Christentums. Man sieht ab von den Einflüsterungen, die sagen, was man selbst alles bräuchte, um glücklich zu sein. Man vergisst darauf. Man gibt, was man geben kann, für andere. Man lässt sich ein auf Verbindung mit einer Not, die man lindern, einen anderen Menschen, den man vielleicht berühren kann durch dieses Geben. Auch solcher alles gebender Dienst hat Grenzen, die gewahrt werden müssen, denn ein Mensch, der zusammenbricht, tut dies zu niemandes Nutzen. Niemand kann immer geben, und niemand soll. Klar ist, dass es auch in der Situation des Ausnahmezustandes eine gesellschaftliche Arbeitsteilung gibt, mit sehr unterschiedlichen Notwendigkeiten.

Das innere Annehmen der Pause hat großen Wert und ist ein geistig-bewusster Schritt, den alle tun können. Eine Voraussetzung für das Fruchtbarmachen dieser Pause ist die innere Abgrenzung von der Angst, dem habe ich bereits einen Abschnitt gewidmet. Hilfreich ist auch ein bewusster Ausstieg aus der Nachrichten-Hypnose, die entsteht, wenn man sich von Tag zu Tag hangelt mit Nachrichten, wo es jetzt auch überall schlimm und eng ist, schrieb ich. Beide Empfehlungen sind Vorschriften einer inneren Hygienik, an die kaum jemand öffentlich erinnert. Aber wie will man denn sonst eintreten in die *„Herzzeit"* (Celan), die es erlaubt, mit Aufmerksamkeit die Dinge neu anzusehen: *„Ihr Dome unbesehn, / ihr Wasser unbelauscht / ihr Uhren tief in uns."* Sie anzusprechen und sich von ihnen ansprechen zu lassen. Aufmerksamkeit aller Art kann und darf in der Pause wachsen. Das sind die Früchte, das macht die besondere Fruchtbarkeit einer Pause aus. Wer in Richtung Aufmerksamkeit für die eigene Tiefe, die still ist und *„unbesehn"*, wächst, wird eine unausmessbare innere Offenheit entdecken. Die Bedeutung eines solchen Schrittes für die persönliche und vermittels hundert Schritte auch für die gesellschaftliche Entwicklung ist kaum zu ermessen.

Aus der inneren Offenheit heraus kann ein Mensch (immer wieder neu) entdecken, wie kostbar die Berührtheit durch das Leben ist, das in und aus ihm aufblüht. Dazu braucht es nichts Großartiges. Eine Spinne in der Ecke des Zimmers genügt. Aus dem Verstummen des gewöhnlichen, vielbeschäftigten und schwatzhaften Ichs steigt eine überraschende Zärtlichkeit dem Leben gegenüber auf. Einer meiner Freunde, der sich zuerst in seine Wohnhöhle zurückgezogen hatte, um diese – wie er meinte – *„depressive Zeit"* zu durchschlafen, hat eine große, wie er sagt „*gleichgültige Zärtlich-keit*" der Zeit gegenüber entdeckt. Er zelebriert es, nachts bei Vollmond die große Zehe ins kalte Wasser der Donau zu tauchen.

Aus diesem inneren Raum heraus ist es, dass wir endlich gelassen dem Tod begegnen können, dem Tod, der übrigens nicht uns gehört. Die Philosophin Svenja Flaßpöhler formuliert: „*Uns wird also in diesen stillen Momenten, wenn wir eben allein im Zimmer sitzen, unsere Vergänglichkeit bewusst: Wir sind vom Tod umgeben, der auf uns wartet.*" Alle spirituell wachen Menschen auf der ganzen Erde – und dazu zählen auch die verstreuten Menschengruppen, denen es gelungen ist, noch etwas inneren Abstand zu den Gewohnheiten der globalen Zivilisation zu wahren und die sich bewusst sind, dass sie etwas Kostbares bewachen und der globalen Zivilisation mitzuteilen haben - wissen um die ständige Anwesenheit des Todes, der weder eine Beleidigung noch ein Skandal noch eine unmögliche Bedrohung ist. In einer Pause wie unserer Corona-Pause könnte man auf das Echo hören, das solche Stimmen in uns auslösen.

Also: Die Situation annehmen, so wie sie ist, mit ihren Beschränkungen. Das Geschenk sehen, das in der Pause liegt, und es freudig entgegennehmen. Keine Angst haben vor der inneren Stille, aus der Ungehörtes und Unerhörtes spricht. Dieser Stille lauschen... „/ /"... Ich möchte gerne noch zwei individuellen Stimmen Raum geben, die schöne Wege benennen, die innerhalb der Corona-Unterbrechung eingeschlagen werden können. Der erste Weg ist ein Weg einer feierlichen, überströmenden Freude: Freude im Widerstand gegen das Bedrückende, Freude trotz allem, Freude als Fülle, die zu sprudeln beginnt, wo immer ihr die Tür geöffnet wird. Diese Nachricht stammt von dem oder der Hopi White Eagle:

„(...) *Learn about resistance with indigenous and African peoples: we have always been and continue to be exterminated. But we still haven't stopped singing, dancing, lighting a fire and having fun. Don't feel guilty about being happy during this difficult time. You don't help at all by being sad and without energy. It helps if good things emanate from the Universe now. It is through joy that one resists. Also, when the storm passes, you will be very important in the reconstruction of this new world. You need to be well and strong. And, for that, there is no other way than to maintain a beautiful, happy and bright vibration. This has nothing to do with alienation. This is a resistance strategy. In shamanism, there is a rite of passage called the quest for vision. You spend a few days alone in the forest, without water, without food, without protection. When you go through this portal, you get a new vision of the world, because you have faced your fears, your difficulties...*

This is what is asked of you. Let them take advantage of this time to perform their vision seeking rituals. What world do you want to build for yourself? For now, this is what you can do: serenity in the storm. Calm down and pray. Everyday. Establish a routine to meet the sacred every day. Good things emanate, what you emanate now is the most important thing. And sing, dance, resist through art, joy, faith and love."[57]

Die zweite Stimme, die für einen ernsteren, selteneren Weg steht, ist die eines Kämpfers für die Wahrheit, die mich beim Schreiben dieses Buches begleitete. Gandhi hat in seinem Leben dem bewussten Auf-Sich-Nehmen von Entbehrungen – dem Fasten, wie er das gemäß seiner hinduistischen Tradition nennt – einen sehr hohen Stellenwert gegeben. Wir sind dem kollektiven Auf-Uns-Nehmen

---

57 Es finden sich mittlerweile unzählige Stellen im Netz, wo der vollständige Aufruf nachzulesen ist.

von Entbehrungen zurzeit sowieso ausgesetzt, aber wir können das auch als bewussten Akt wählen. Das soziale und Fasten und der Verzicht auf Mobilität machen deutlich, was wir als Menschen brauchen. Es ist etwas anderes, sich als ein Opfer der Umstände zu betrachten, das etwas auf sich nehmen muss, was es nicht will, oder bewusst in eine Zeit des Verzichts einzuwilligen und dann im Verzicht offen zu bleiben für den Schmerz und die inneren Impulse und Wahrnehmungen, die damit verbunden ist.

Es geht bei diesem geistigen Weg nicht ums Leiden als solches, das Leiden an Entbehrungen ist kein Selbstzweck, sondern um ein Betrachten und Anschauen der eigenen Bedingtheiten, das eine Läuterung bewirken kann: *„Ein Fasten, das unternommen wird, um sein innerstes Wesen vollkommener zum Ausdruck zu bringen und um die Herrschaft des Geistes über das Fleisch zu erlangen, ist ein mächtiger Faktor in der Entwicklung der Persönlichkeit."*

Gandhi beschreibt hier den uralten Weg eines sehr bewussten Verzichts, den Weg der (zeitweiligen oder dauerhaften) Askese. Der Verzicht ist uns momentan, wie gesagt, sowieso auferlegt. Interessant finde ich, dass ein Mensch durch einen bewussten Akt des Fastens gestärkt werden kann, stärker, weil weniger unmittelbar von den Neigungen getrieben. Es fällt ein ständiges inneres Licht auf diese Neigungen, wenn sie absichtlich nicht oder nur bis zu einem gewissen Grad erfüllt werden. Bewusst gewählter zeitweiliger Verzicht – so Gandhi – führt gerade nicht in Vereinzelung oder Isolation, sondern legt den Grund für eine viel weitergehende Verbindung mit der umgebenden Welt. Es ist ein Weg der *„Läuterung"*, wie er meint, des inneren Klar-Und-Rein-Werdens: *„Identifizierung mit allem, was lebt, ist unmöglich ohne Selbstläuterung."* (41) *„Und da Läuterung höchst ansteckend ist, führt die Läuterung von einem selbst zur Läuterung seiner Umgebung."* Gewiss, nur wenigen Menschen ist es möglich, so etwas radikal zu praktizieren. Aber:

Zeiten des Fastens einzuhalten, zwischendurch einmal, das schafft fast jeder. Es ist eine Praxis, in der man sich auch üben kann.

Das sind zwei Beispiele für besondere, von innen kommende und nach außen zielende Orientierungen, die man vornehmen kann, wenn man erst einmal durch die Unterbrechung der Pause deutlicher bei sich selbst angekommen ist. Durch die Fähigkeit der inneren Bewegungen sind wir sehr reiche Wesen – leidensfähig und reich. Vieles wartet noch darauf, (wieder) entdeckt zu werden.

„Es ist Zeit, dass man weiß! Es ist Zeit, dass der Stein sich zu blühen bequemt." Das Nach-Innen-Gehen ist übrigens kein Hindernis, sich für die anderen zu interessieren, für die Umgebung, und sich der Gemeinschaft und der Gesellschaft zu öffnen. Dem Miteinander-Reden, Kommunizieren und Planen, das aus dieser Pause/Unterbrechung hervorgehen kann, werde ich einen eigenen Abschnitt widmen. Jedenfalls entsteht in der Pause, wenn man sie zu nutzen weiß, ein Raum zum Nachdenken und Nachsinnen, in dem man nicht mehr der oder die Getriebene ist. Dann kann man auf das blicken, von dem man gerade herkommt, und auf das, was man sich für das Leben wünscht. Es gibt großen gesellschaftlichen Handlungsbedarf, ganz abgesehen von Corona, und wenn wir uns fragen, wie es weitergehen wird, können wir jetzt diese vielen besonderen Erfahrungsräume nutzen und zur Verfügung stellen.

Das ist die besondere Chance, die uns die Corona-Situation so unverhofft in den Schoß legt: *„Solange die normalen Routinen funktionieren, werden die meisten Menschen nicht zu überzeugen sein, ernsthaft aktiv zu werden. (...) Niemand kann davon „überzeugt" werden, sein Leben in großem Maßstab umzukrempeln, wenn das Argument nicht von einer Erfahrung begleitet ist, die auf körperlicher und emotionaler Ebene Eindruck hinterlässt."*[58]

---

58 Charles Eisenstein, *„Klima. Eine neue Perspektive"*, Europa Verlag, 2019, S.

18. Krankheit / Gesundheit

„Leben bedeutete, dass ein Feuer in einem brannte, dachte Ben, damit man nicht zu Eis wurde." (David Guterson, *„Östlich der Berge")*

Der Tod ist unvermeidbar. Er gehört zum Leben. Man könnte sagen, dass mit der Erfindung des Lebens auch der Tod begonnen hat. Das biologische Leben ist nämlich die Weitergabe der Fackel des Lebens, von der einen Generation an die jeweils nächste – der Preis für diesen Fackelzug ist der Tod der Früheren, damit die Späteren sein können. Einige Aphorismen drücken die innige Verbundenheit von Leben und Tod aus. Sachlich ernst mit einer Prise Witz: *„Für das Leben bezahlen wir mit dem Tod."* Oder mit schwarzem Humor: *„Das Leben ist eine tödliche Krankheit."* Natürlich versuchen alle, die am Leben hängen, den Verlauf dieser „Krankheit" möglichst lange hinauszuziehen. Aber kann das der richtige Gesichtspunkt sein – das Leben als Krankheit zu betrachten? Mit bangem Blick, etwa auf diesen frechen Sponti-Spruch: *„Leben ist lebensgefährlich!"*, aber ohne dessen Coolness? Ist es richtig, das Leben als etwas zu betrachten, das ständig bedroht ist, angesteckt zu werden – von etwas potentiell Tödlichem?

Halten wir doch ein für alle Mal fest: Das biologische Leben kooperiert mit seinem Tod. Es gibt ihm die Hand, weil es ihn benötigt, um voranzukommen.

Der Tod spielt sich in uns ab, jeden Tag. Nach einer ungefähren Schätzung sterben von den ca. 60 Billionen Zellen 1,2 Billionen, das entspricht einem Fünfzigstel, jeden Tag ab. Das ist Teil eines

Prozesses der Erneuerung, in dem gleichzeitig ständig neue Zellen entstehen. Nur ist dieser Prozess fehlerbehaftet und degenerativ, sodass ein Mensch in meinem Land nach ca. 81,6 Jahren stirbt. Das tägliche, ganz normale Sterben betrifft im großen Verbund der Artgemeinschaft jedwede Gemeinschaft und Gesellschaft, nicht nur die der biologischen Zellen. In meinem Land sterben jährlich 9,3 von 1000 Personen, das entspricht einer Sterblichkeitsrate von fast einem Prozent. Was diesen Tod im Einzelfall jeweils auslöst, kann etwas so Unterschiedliches sein wie ein Autounfall, wenn man jung und männlich ist, Selbstmord, ein Herzinfarkt, Krebs, ein Organversagen, eine Infektion in einem Zustand der Immunschwäche, eine Grippe, und im Moment droht einer nicht unbedeutenden Zahl von Menschen der Tod ausgelöst durch die Folgewirkungen eines Virus, dessen Namen wir mittlerweile gut kennen.

Mich wundert, schrieb ich, dass bei all der so intensiven Beschäftigung mit dem Virus und den Geschwindigkeitsraten seiner Verbreitung, den Wahrscheinlichkeiten der Ansteckung und leichten oder schweren Erkrankung bis zum Todesfall kaum danach gefragt wird, warum sehr viele den Virus in sich tragen, ohne daran zu erkranken. Selbstverständlich sind alle die genannten Fragen wichtig und müssen auch intensiv beforscht werden, damit es endlich verlässliche Zahlen über die wirkliche Verbreitung des Virus und seine Gefährlichkeit gibt. Dann erst kann man die Bekämpfung auf eine langfristig verlässliche Basis stellen und die Angemessenheit der Maßnahmen evaluieren. Aber genauso interessant und langfristig äußerst relevant ist die Frage, was es Menschen erlaubt, dem Virus zu trotzen – auch ohne Masken, Gummihandschuhe und eine Impfung, auf die man noch sehr lange wird warten müssen und die sicher nicht alle freiwillig in Empfang nehmen werden. Könnte es da nicht etwas zu erfahren und zu lernen geben, das uns Mittel in die Hand gibt, uns in einem breiteren Ausmaß als bisher selbst und eigenverantwortlich um unsere Gesundheit zu kümmern?

Seit Langem ist bekannt, dass die einfache, „kausale" Erklärung, dass ein Virus oder ein Bakterium einen Menschen krank macht, falsch ist. Wenigstens: So einseitig, dass dabei der Blick auf den Gesamtzusammenhang entgeht. Ob ein Mensch krank wird, zum Beispiel eine Erkältung bekommt, hängt nämlich auch von seinem *Gesamtzustand* ab. Wir tragen ständig eine Vielzahl von Viren in uns, die potentiell gefährlich sind, uns aber nichts anhaben, solange unser Körper, unser Immunsystem gut damit umgehen kann. Dies wird in der auf die Analyse materieller Mechanismen fokussierte Medizin meistens ausgeklammert, auch indem sie sich auf die erkrankten Fälle konzentriert und für deren Erkrankung irgendein *Agens* verantwortlich macht, das es dann zu bekämpfen gilt. Damit gerät aber aus dem Blick, dass ein solches Agens nicht notwendigerweise schädlich ist.

Der auf Vorsorge und Allgemeinvitalität spezialisierte Arzt Nobuo Shioya erinnert sich an die *„tragischen Ereignisse im Sommer 1996, als in Japan das mutierte Kolibakterium O-157 für Angst und Schrecken sorgte."* „Für mich als Arzt war es schmerzlich zu sehen, wie sich diese gefährliche Darminfektion so schnell ausbreitete und vor allem unter Schulkindern zahlreiche Todesopfer forderte." Dabei ist das mutierte Kolibakterium allein ist nicht unbedingt schädlich, wie fast alle dachten. Man musste schließlich zur Kenntnis nehmen, *„dass es Personen gab, die daran erkrankten, und solche, bei denen das nicht der Fall war, obwohl alle die gleiche Nahrung zu sich genommen hatten. Außerdem ist O-157 keineswegs ein Dickdarmbakterium, das von heute auf morgen auftaucht, wie Berichte aus Amerika belegen. Selbst heute gibt es zahlreiche Menschen, die Träger von O-157 sind."*[59] Wenn es

---

59 Nobuo Shioya, *„Die Kraft strahlender Gesundheit"*, S. 53.

Faktoren gibt, die dafür sorgen, dass etwas potentiell Gefährliches nicht gefährlich wird, dann wäre es doch für alle interessant zu erfahren, welche das sind.

Die Medizin, so Shioya, begnügt sich meistens mit der reichlich abstrakten Aussage, es gäbe eben „individuelle Unterschiede“. Der Arzt vermutet, dass die Zellen eine entscheidende Rolle spielen: *„Zellen besitzen die Fähigkeit, verschiedene Bakterien, Viren oder unerwünschte Stoffe, die in den menschlichen Organismus eingedrungen sind, zu beseitigen“* oder sie lassen diese *„in bestimmten Fällen in unschädlicher, nützlicher Form“* mit sich koexistieren. Der Schlüssel läge in der Menge an Sauerstoff, die sie zur Verfügung haben. *„Bei Zellen, die bereits chronisch unter leichtem Sauerstoffmangel leiden, herrscht ein Zustand, in dem die Widerstandskraft geschwächt oder nicht mehr vorhanden ist.“*[60]

Ob er damit Recht hat oder nicht, ich zitiere ihn hier als Vertreter einer bestimmten anderen Denkrichtung. Das Schlüsselwort ist für mich die *„Widerstandskraft“*, auf die sich auch White Eagle in seiner Botschaft bezog. Alle, die sich nur ein wenig mit Psychosomatik beschäftigt haben, wissen, dass der Allgemeinzustand eines Menschen sich in Form einer Stärkung oder Schwächung auf das Immunsystem niederschlägt. Es gibt ja diesen Ausdruck, dass etwas einen Menschen kränkt, zum Beispiel, wenn er sehr enttäuscht ist oder schlecht behandelt wird. Das, was so einen Menschen kränkt, macht ihn oder sie im wörtlichen Sinn auch krank. Demnach könnten wir uns fragen: Was hat die Menschen besonders gekränkt und geschwächt, bei denen Covid-19 sich in drastischerer Form niederschlug oder die daran sogar starben? Und die komplementäre Frage dazu lautet: Was macht Menschen und ihre Immunsysteme so

---

60 Der Arzt, der selbst uralt geworden ist, beschreibt in dem Buch eine Atem- und Mentaltechnik, die er sein Leben lang praktiziert hat und der er seine Altersjugendlichkeit und seine „strahlende Gesundheit“ zuschreibt.

stark, dass sie in Situationen gesund bleiben, wo andere krank werden?

Beide Fragen haben mit einem integralen Begriff und vor allem mit einem integralen Verständnis von Gesundheit zu tun, und genau darum sollten wir uns kümmern. Ein Beispiel für so einen integralen Zugang ist die Gesundheits-Definition von Nobuo Shioya: *„Meiner Meinung nach stecken in dem Wort Gesundheit drei Komponenten: Zur körperlichen Kraft, der Gesundheit des Körpers, kommen noch die seelische Kraft, die Gesundheit der Seele, und die geistige Kraft, die Gesundheit des Intellekts."*[61] Diese Dimensionen fallen bei unserer gegenwärtigen medialen Thematisierungen von Covid-19 fast völlig unter den Tisch. Dabei gibt es unzählige Beispiele, die zeigen, wie stark zum Beispiel der Faktor der *geistigen Ausrichtung* die körperlichen Fähigkeiten und Möglichkeiten eines Menschen mitbestimmt.

Besonders eindrucksvoll finde ich das Selbstexperiment des Begründers der modernen Hygiene, des deutschen Arztes Max von Pettenkofer. Dieser betonte zu seiner Zeit die generelle Wichtigkeit der Umwelthygiene und wollte nicht glauben, dass der Ausbruch von Cholera auf einen bakteriellen Erreger zurückgeht, der, wie wir seit den Entdeckungen Robert Kochs wissen, sehr wohl existiert. Jedenfalls gerieten die beiden konkurrierenden Ärzte in einen Streit. Ich möchte Ihnen die wörtliche Schilderung sowie die Schlussfolgerung (durch Nobuyo) nicht vorenthalten: *„Auf jeden Fall wurde der Streit immer heftiger und steigerte sich schließlich bis zu Pettenkofers emotionsgeladenem Argument: „Dann werde ich eben auf der Stelle Cholerabakterien trinken." Zum allgemeinen Entsetzen trank er ein Glas mit Cholerabakterien auf einmal aus. Natürlich hätte Pettenkofer gleich erkranken und schließlich*

---

61 AaO., S. 13

sein Leben lassen müssen. Doch dazu kam es nicht; vielmehr bekam er nicht einmal Durchfall.“

Ähnliche Selbstexperimente führen gelegentlich amerikanische Gläubige einer evangelikalen Gruppe durch, die Schlangengift trinken, um zu beweisen, dass einem „vom Heiligen Geist beseelten Menschen“ dies nichts anhaben kann. Und es passiert tatsächlich nichts.[62] Oder denken sie an Menschen wie – sie ist die Bekannteste – Mutter Theresa, die wohl auch den Erreger der Lepra in sich trug, ohne daran zu erkranken. Die Schlussfolgerung des Arztes: *„Zweitens möchte ich Pettenkofers Einstellung* [wieder ein Schlüsselwort!] *im damaligen Streit betrachten. Was ein Resultat, das „nicht sein kann“, möglich machte, war seine feste Überzeugung: „Ich bekomme auf keinen Fall Cholera.“ Dabei handelte es sich aber weder um den Wunsch „Ich möchte keine Cholera bekommen“ noch um die Hoffnung: „Es wäre schön, wenn ich sie nicht bekäme.“ Von der Richtigkeit seiner eigenen These überzeugt, war er sich sicher: „Auf keinen Fall werde ich Cholera bekommen.““* Jetzt bitte ich Sie, sich einmal vorzustellen, welchen Einfluss es auf die Fähigkeiten von Körper und Geist haben könnte, einen Menschen vor Krankheit zu bewahren, wenn Tausende und Millionen mit der Vorstellung im Kopf leben, der Corona Virus sei „sehr, sehr gefährlich“ und eine Riesenbedrohung für die Menschheit.

Der Punkt, den ich machen möchte, ist der, dass auch negative Vorstellungen die Fähigkeiten unseres Systems, mit etwas fertig zu werden, entsprechend beeinflussen. Im einem geheimen Strategiepapier des deutschen Innenministeriums, das durch einen Leak an die Öffentlichkeit gelangt ist, steht die explizite Handlungsanleitung, dass der Bevölkerung ein Schreck eingejagt werden soll. Es

---

62 Sehr viele höchst informative Beispiele der großen Wirkkraft von (auch mentalen) Placebos und Nocebos finden sich in dem Buch „*Intelligente Zellen*“ von Bruce Lipton. Lipton meint, dass es eine Revolution in der Medizin und im sogenannten wissenschaftlichen Denken braucht.

werden drei die Vorstellung eines Menschen sehr beeindruckende Situationen genannt, die beispielhaft verwendet werden sollen: Wie furchtbar es ist, wenn ein Mensch ersticken muss, alleingelassen von seinen Verwandten. Wie furchtbar es für ein Kind sein muss, ungewollt seine Eltern mit etwas angesteckt zu haben, woran sie möglicherweise sterben könnten. Drittens die Aussage, dass niemand vor der Krankheit geschützt sei. Solche schlimmen Situationen als allgemeine Merkbilder und Beispiele, noch dazu möglicherweise manipulativ eingesetzt, führen wohl nicht zu einem entspannten Geist, zu Menschen, die um Kraft ihrer Immunsysteme wissen und angstlos bleiben. Angst sollte der Bevölkerung ja gemacht werden, damit sich alle brav an die Maßnahmen halten.

Tatsächlich hat das, worauf man sich geistig konzentriert und einstellt, enormen Einfluss auf die eigene Lebensrealität, das Verhalten, das Grundgefühl, die Erwartungen, bis zu einem gewissen sogar auf das, was dann wirklich passiert (oder nicht). Die Tragweite dieser Erkenntnis ist gewaltig. Bisher haben die meisten Menschen und gesellschaftlichen Institutionen das noch nicht voll realisiert.

Man kann sich – im Verhältnis zu den gleichen Fakten der Wirklichkeit – in eine negative Spirale hineinreden, -denken, -fühlen, und -begeben, oder in eine positive. Seine Einstellung zu einer bestimmten Sache klug und reflektiert zu ändern - zum Beispiel auch zu Corona – und zwar so, dass man eine stärkende Sichtweise einnimmt, ist ein Gebot der praktischen Vernunft und hat nichts mit naiver Illusion oder Lüge zu tun. Es wird niemandem geraten, in eine Prüfung zu gehen mit der Einstellung: „Ich werde durchfallen". Auf der anderen Seite ist „ich werde es schaffen" eine gute Unterstützung, eine Erfolgsgarantie ist es aber nicht. Das Argument ist also nicht, sich um reale Zusammenhänge gar nicht zu kümmern und die Hände in den Schoß zu legen, sondern sich durch eine bewusst stärkende Lebenspraxis um ein gesundes Immunsystem zu kümmern und die damit einhergehende Gewissheit, stark gegenüber krankmachenden Faktoren zu sein, auch geistig anzunehmen. Sich Ängstigen-Lassen durch eine übertriebene Darstellung der Gefährlichkeit des Corona-Virus und durch die mentale Fixierung auf schlimme und schlimmste Szenarien geht in die falsche Richtung. Die reale Auswirkung von Nocebo-Effekten ist wissenschaftlich belegt. Nocebo bedeutet: Wenn man sich einredet, dass etwas schlecht ist und schadet, dann wirkt sich das tendenziell auch schädigend aus. Angst kann man sich ebenfalls einreden, und chronische Angst schwächt das Immunsystem. Das ist aber genau das Gegenteil von dem, was wir brauchen. Ich will an dieser Stelle nur einen Denkanstoß geben, denn der Umfang und die Komplexität des Themas ist groß. Der Kern ist aber simpel: Es macht Sinn, sich in erster Linie und eigentlich immer auf die *Gesundheit* zu konzentrieren statt „Gefahren" mit immens teuren medizinischen Apparaten zu „bekämpfen". Unsere mentale Haltung spielt dafür eine entscheidende Rolle. Das ist ein Zugang, in dem die Selbstverantwortung eine große Rolle spielt.

Was mich persönlich betrifft, so habe ich keine Lust, ein ängstliches Selbstbild zu pflegen, in dem mein Wohlergehen mehr als nötig von Systemen umfassender Fremdkontrolle und medizinischen Zugängen abhängt, die die geistige und seelische Seite des Menschen mehr oder weniger negieren. Das käme mir wie eine Amputation oder eine Beraubung vor, so dankbar ich der technischen Medizin und ihren Analysefähigkeiten auch bin. Aber sie ist nicht alles, und sie alleine kann das, was Gesundheit ist und ausmacht, nicht beschreiben. Der japanischen Arzt Nobuo Shioya war als Kind kaum lebensfähig und dann auch noch als Student sehr schwächlich, der Marodste seines Universitätsjahrganges an der medizinischen Fakultät. In seiner Jugend verspottete man ihn als

„Supermarkt der Krankheiten", während er mit Mitte 90 außergewöhnlich gesund war und immer noch Golf spielte. Ich bestehe auf einer Medizin, die solche „Wunder" berücksichtigt. Durch einen Unfall hatte er sich den mittleren der fünf Lendenwirbel zertrümmert, ein Vorfall, der ihm ein Leben im Rollstuhl hätte einbringen können. Abgesehen von seinen Körper- und Atemübungen erkannte er schnell, dass das Jammern nicht hilfreich war: *„Also hörte ich auf, negativ darüber zu denken, und sagte mir: „Nun gut, wenn das nun einmal so ist, will ich mich lieber mit diesem verkrümmten Kreuz anfreunden." Das war für mich eine Revolution in meinem Bewusstsein."*[63] Wir brauchen viele Menschen, die eine ähnliche Revolution durchmachen, in der sie ihre Reaktionsfähigkeiten erkennen und sich ihrer großen Kraft bewusst werden. Die für das Leben brennen und ihre Lebenskraft bewusst einsetzen.

Neben körperlichen und geistigen gibt es die seelischen Faktoren, die einen Einfluss auf die Widerstandskraft unserer Immunsysteme haben. Ein Mensch, der sich verlassen und elend, des Sinnes und Kontaktes beraubt, schwach und hilflos fühlt, dessen Immunkräfte sinken auch in den Keller. Ist es vor diesem Hintergrund wirklich auf Dauer sinnvoll, den Menschen einzureden, wie „gefährlich" der Kontakt mit anderen – sagen wir in Form einer Umarmung – ist? Mir kommt wieder der Bericht aus dem Altersheim in Deutschland in den Sinn, in dem die alten Menschen im März starben wie die Fliegen – nicht an Corona, sondern aus der fälschlichen psychischen Wahrnehmung heraus, von ihren Angehörigen verlassen worden zu sein, oder aus Kummer am Alleinsein, selbst wenn sie wussten, dass „es so sein musste". Wenn wir uns gegen den Virus fit machen wollen, müssen wir natürlich in jedem besonderen Fall die Gefahren abwägen und dabei die gesundmachende, stärkende Kraft der Berührung auch mit in die Rechnung

---

63 AaO., S. 103

nehmen. Und uns individuell wie auch kollektiv fragen, was uns seelisch stärkt. Unsere Seelenkraft entwickeln.

Gesundheit ist jedenfalls integral zu betrachten. Neben körperlichen Faktoren - also ausreichend Bewegung, gute Ernährung, Aufenthalt in intakter Natur, gute Luft - , der geistigen und der seelischen Ebene gibt es übrigens auch noch soziale und ökonomische und spirituelle, die alle miteinander verwoben sind und in Summe das ausmachen, was man Gesundheit nennt. Werden Menschen von anderen ausgeschlossen? Müssen sie im Elend leben? Fehlt ihnen eine letzte, über die eigene Existenz hinausgehende Sinnperspektive? All das trägt dazu bei, dass Menschen schneller krank werden als andere und dem Einbruch eines Virus schutzloser preisgegeben sind.

Doch einen Faktor der Realität sollten wir besser nicht verdrängen: Auch die bestversorgtesten Zellen behalten ihre Fähigkeit, sich makellos zu reproduzieren, nicht ewig[64]. Selbst wenn einen extrem gesunden Menschen keine tödliche Krankheit hinwegnimmt, so wird man schließlich doch feststellen müssen: Er starb an seinem Alter.

---

64 Vorausgesetzt, Sie sind kein Einzeller oder Polypen einer bestimmten Art, die diese Fähigkeit der endlosen Selbstvermehrung durch Knospung offenbar hat.

19. Kontrolle

„Those who would give up essential Liberty, to purchase a little temporary Safety, deserve neither Liberty nor Safety.“ (Benjamin Fanklin)

Da dieses Buch sowieso nicht auf meinem Mist allein gewachsen ist, würde ich dieses Kapitel gerne mit der Mitteilung eines Freundes beginnen. Er beschrieb mir seine Sicht unserer Situation: *„Unsere Gesellschaft hält es extrem schwer aus, keine Kontrolle haben zu können und kann mit dem Tod überhaupt nicht umgehen. Wir haben einen riesigen Medizinapparat aufgebaut, wo Menschen mit Technik so lange es irgendwie geht, am Leben gehalten werden, auch wenn sie gar nicht mehr leben wollen oder kaum noch Lebensqualität vorhanden ist. Den Zusammenbruch dieses Systems will man unter allen Umständen vermeiden, weniger aus Gründen der Menschlichkeit, wie mir scheint, sondern aus Gründen der Angst. Sobald der Virus unter Kontrolle ist (wenn es eine Impfung oder Medikamente gibt), man also etwas tun kann, möchte man wieder so weiter machen wie bisher. Es geht also nicht um Menschenleben (es sterben auch viele an der Grippe, aber da kann man was tun, das kann man kontrollieren), sondern um Kontrolle und Macht über die Natur. Leider wird das so gut wie nie angesprochen. Ginge es um die Gesundheit oder dasWohl der Menschen, müsste man sie mit gebotenem Zwang dazu verpflichten, ihr Immunsystem zu stärken und zum Beispiel das Rauchen und die Produktion von Zigaretten sofort verbieten. Dass diese Dinge nicht einmal diskutiert werden, spricht meiner Meinung nach für sich.“*

Das Kontrollparadigma ist schon sehr alt. Einen Ausdruck, den die meisten vom Hörensagen kennen, fand es schon im Schöpfungsbericht des Pentateuch: *„Macht euch die Erde untertan!"* Dieser nachhallende Satz fiel in einer Zeit, als die menschlichen Zivilisationen ihrer Umwelt noch deutlich schutzloser und verletzbarer ausgesetzt waren als wir Heutigen es sind. Aber sobald ich diesen Satz aufs Papier gebracht habe, zweifle ich ihn schon an. Wir sind nicht mehr dem Angriff wilder Tiere ausgesetzt, Hungersnöte kennen wir in den reichen Weltgegenden nicht mehr, wir haben eine mächtige Medizin, eine starke Weltwirtschaft, ein ganzes Arsenal an Waffen, und die Technik hat die Kräfte der Welt im Kleinen und im Gigantischen auf eine für frühere Menschen völlig unglaubliche Weise nutzbar gemacht. Aber halt! Wir sind gerade deshalb wieder früher nicht vorstellbaren Gefahren ausgesetzt: der Auslöschung durch das eigene Waffenarsenal, einer Veränderung des Klimas durch das, was wir ausstoßen und freisetzen, dem bei dem Grad der Vernetzung möglichen Zusammenbruch der Weltwirtschaft, einer immer teureren Medizin, deren Antibiotika nicht mehr wirken, einer Technik, die nicht mehr wir selbst kontrollieren, sondern sie uns, einer drohenden Pandemie. Es sieht so aus, als hätte das Kontrollparadigma seine Grenzen erreicht.

Worin bestand es denn? Die Kräfte unseres Verstandes einzusetzen und Schritt für Schritt zu lernen, wie wir die Natur außerhalb und auch innerhalb von uns beherrschen können. To make a long story short, dazu gehört die ganze Entfaltung der Wissenschaft und ihres rationalen Denkens, dazu gehört der Riesenapparat der technischen Hilfsmittel bis zur heutigen riesigen Welle der Digitalisierung, dazu gehört auch die Entwicklung der Regierungstechniken und alle Mechanismen der menschlichen Selbststeuerung und „Selbstoptimierung", die daraus folgen. Wie mein Freund schreibt, entstand daraus mit der Zeit auch die Mentalität, alles unter Kontrolle haben zu wollen. Aber darin liegt eben eine Illusion – aus meiner Sicht – denn alles ist nicht zu kontrollieren. Ein Maximum an Kontrolle haben zu wollen und dieses immer noch weiter ausdehnen zu wollen, das ist meines Erachtens die Phantasie einer Lebensform, die sich bedroht fühlt im geschaffenen Kontrollgehäuse und die durch Technik das Leben kontrollieren möchte, das Leben außerhalb und in sich selbst. Das ist eine gefährliche Phase, wo das Kontrollparadigma total werden könnte und – da seine technischen Möglichkeiten schon so stark geworden sind – uns selbst über den Kopf zu wachsen droht, derart, dass wir schließlich nur mehr die Objekte der selbstgeschaffenen Maschinerie der Kontrolle zu sein riskieren. Wir vergessen dabei, wie groß unsere geistigen Kräfte sind, wenn wir sie nur in Besitz nehmen wollen. Wir vergessen, dass wir uns sehr gut in der Welt einrichten und uns auch schützen können, wenn wir unseren geistigen Fähigkeiten mehr Raum und Gewicht geben. Wir vergessen, uns um unsere Freiheit zu kümmern und unseren Geist dafür einzusetzen, die Macht des Apparates, die bedrohlich geworden ist, zu begrenzen.

Wir vergessen das Leben und missachten das Lebendige in uns, das nicht völlig kontrolliert werden kann, ohne es zu vergewaltigen und letztlich zu zerstören.

Mir ist aus meinen Recherchen das Bonmot eines Medizinhistorikers in Erinnerung, unsere Art, mit dermaßen großem Aufwand auf die Herausforderung durch Corona zu reagieren, zeige, dass wir uns nach so langer Zeit in Reichtum und Frieden gesellschaftlich in einer Luxussituation befänden. Wie wäre es sonst zu erklären, dass wir einen Virus mit einer nicht sehr hohen Sterblichkeitsrate dermaßen ernst nähmen? Ich sehe das etwas anders. Unser Frieden und Reichtum – so dankbar ich bin, in einem friedlichen und reichen Land zu leben – beruhen immer noch auf Unterdrückung und

Ausbeutung. Wir sind nicht so frei, wie wir meinen. Unser kollektiver Umgang mit Corona zeigt möglicherweise mehr unsere geistige Not und Enge – beziehungsweise, denn jetzt gilt es ja, von diesem undifferenzierten „wir" loszukommen – den Not- und Krisenzustand des Systems der Kontrolle selbst. Ja, wir sind bedroht, denn unser selbstgeschaffenes System droht wirklich zu kippen und uns alle in Geiselhaft zu nehmen. Souverän ist dann nur mehr der technische Kontrollapparat, der seiner eigenen Logik folgt.

Ich möchte diesen Zusammenhang ein wenig konkreter beschreiben, damit nicht der Eindruck entsteht, ich würde hier irgendein unzufriedenes Geraune von mir geben. Am Weltwirtschaftsforum 2018 wurde ein Projekt, das auf Deutsch *„Der bekannte Reisende"* heißt, englisch *„The Known Traveller Digital Identity-Project"*, KTDI, vorgestellt. Es handelt sich um ein von einer Beratungsagentur erstelltes White Paper[65], das bei unterschiedlichen Akteuren auf großes Interesse stößt. Die Ausgangsüberlegung dieses schon recht konkret ausgearbeiteten bzw. durchdachten strategischen Plans liegt darin, dass es eine Situation im kollektiven Bewusstsein braucht, wo die Bürger*innen gerne und freiwillig bereit sind, bisher getrennt oder gar nicht gespeicherte Arten von Daten auf einer Art digitalem Ausweis zu speichern, was ihnen im Gegenzug eine bevorzugte Behandlung bei Kontrollen einbringt. Auf so einem digitalen Identitätsausweis könnten beispielsweise Bewegungs- und Gesundheitsdaten gespeichert sein, und wer einen solchen Ausweis freiwillig anlegt und freiwillig an den Grenzen und sonstigen Kontrollpunkten vorlegt, dem könnte man viele Vorteile einräumen, zum Beispiel sich nicht in eine lange Schlange einreihen zu müssen. Dadurch würde dann ein mit der langsamen Ausdehnung des Anwendungsbereiches einer solchen Digital Identity auch der Druck steigen, dass immer mehr

---

65 Zu finden auf *www3.weforum.org*

Menschen da mitmachen, weil es einfach bequemer ist. Natürlich wird die freiwillige Annahme eines solchen Systems in den schönsten Worten schmackhaft gemacht: *„Die Reisenden"*, so die Vorstandsangehörige des Weltwirtschaftsforums, Cheryl Martin, *„müssen die Gelegenheit bekommen, die passive Rolle zu verlassen und zu einer aktiven Partnerschaft im Sicherheitsprozess überzugehen."*[66]

Dieses Szenario lässt sich erweitern: Wenn es gelänge, das Geldsystem vollständig zu digitalisieren, könnten der Eingang und der Ausgang von Zahlungen auch über diese digitale Identität laufen, die dann auch eine Voraussetzung sein könnte, um überhaupt Dokumente und Zugang zu Bürgerrechten zu bekommen. Am Ende könnte das Netz der KTDI so dicht sein, dass es keine unknown travellers oder citizens mehr geben kann, da ohne eine solche digitale Karte, die auch ein kleiner Chip sein kann, einfach nichts mehr läuft. Ein solches System erlaubt dem, der es dazu verwenden möchte, eine totale Kontrolle über die Lebensbewegungen der darin Erfassten. Es muss übrigens gar keine böswillige Regierung geben, die das ausnutzt, um bestimmte Arten von Dissens unmöglich zu machen, das System funktioniert aus der eigenen Unterscheidungs- und Kontroll-Logik ganz von selbst so, dass es seinen Subjekten Ungefährlichkeit attestiert – oder eben nicht. Wer auch immer – aus irgendwelchen Gründen, ob selbstverschuldet oder nicht – gesperrt ist oder wem eine Sperre oder eine verminderte Stufe der Bewegungsfreiheit, ein Punkteabzug oder Vermerk oder Gefährder-Status oder was auch immer droht, wird gut daran tun, alles zu tun oder zu erdulden, um aus so einer negativen Bewertung oder Sperre wieder herauszukommen, wenn der Zugang zu lebensnotwendigen Mitteln des Lebens in so einem totalen Kontrollnetz erst einmal an

---

66 Zit. n. dem Bericht *„In Davos 2018 beschlossen: Reisende überwachen sich selbst"* auf *altersdiskriminierung.de*

der digitalen Identität hängt – an der wiederum ein Mensch hängt. Wenn sich so ein System einschleicht, durchsetzt und schließlich zwingend wird, weil es gar keine Alternative mehr gibt, dann dürfte das, was wir „Mensch" nennen, nach einiger Zeit nicht wiederzuerkennen sein. Ich glaube nicht, dass ein Nelson Mandela dann noch eine Chance hätte.

Es ist vielleicht unwahrscheinlich, dass viele der Leser*innen den Animationsfilm *„Rango"* kennen.

Sehen Sie sich ihn an, er enthält die passende politische Parabel zum Kontrollparadigma. Im Film geht es um das Wasser, an dem alles Leben hängt, und wer den Zugang zu Wasser hat, der hat die Macht. Der wichtige Satz, dem man am Anfang des Filmes allerdings nicht versteht, wird dem Helden Rango, einem Chamäleon auf der Suche nach seiner Identität, von einem weisen Gürteltier zugerufen: *„Schau zu, dass du auf die andere Straßenseite kommst!"* Dem Volk in der Wüstenstadt wird das Wasser nämlich systematisch entzogen, jenseits der Asphaltstraße, die das Land durchschneidet, hat der korrupte Bürgermeister – eine alte Schildkröte – die Stadt der Zukunft geplant. Das Chamäleon Rango muss erst mal auf die andere Straßenseite kommen und einen Blick auf diese Zukunftsstadt erhaschen, um das Ausmaß und die Art des Betrugs zu erfassen. Es gelingt ihm schließlich, den Leuten diesseits der Straße das Wasser zurückzubringen. Ich finde, wir sollten das Augenmerk nicht auf den „bösen" Bürgermeister legen, sondern auf das herumwankende, schließlich in seine Rolle findende Chamäleon. Die Wahl eines Chamäleons für die Rolle des Helden ist übrigens perfekt: ein Chamäleon ist ein Tier, das alles werden kann, wenn das richtige Vorbild da ist.

Jedenfalls liegt in dieser Figur für mich eine Botschaft: Achtet darauf, wer das Wasser – das Leben und den Zugang zum Leben – kontrolliert!

Geht raus aus dem, was euch schwächt. Geht raus aus dem, was euch krank macht. Kommt auf die andere Straßenseite. Schaut der Schildkröte – die auch für das Alte steht, das seine Kontrolle behalten und in etwas Neues überführen will und dafür ein großes Gesellschaftsexperiment durchführt – auf die Finger. Wer kontrolliert letztendlich die Gesundheit? Wir selbst oder jemand anderer, die Gesellschaft, der Staat? Wer kann jemand anderem bestätigen, dass er oder sie gesund und daher ungefährlich und daher bewegungsfrei, kreditwürdig oder was auch immer sei? Es wäre ein Horror, eine verwirklichte Dystopie, wenn dies in einem immer größeren Ausmaß von außen geschehen würde, wie in dem Szenario vom „Bekannten Reisenden" bereits angedacht. Es wird übrigens bereits in einigen Ländern getestet.

Die Stadt Wuhan haben manche schon als den Schauplatz eines riesigen Sozial-Experimentes bezeichnet. Ab dem 23. Januar wurde sie für 76 Tage total von der Außenwelt abgeriegelt. Das ist allgemein bekannt. Interessant ist im Nachhinein, dass mit dem Auftreten einer viralen Epidemie im Grunde zu rechnen war, wenn man auch nicht wusste, wo. Die höchstdotierte Stiftung der Welt (ihr stehen 46 Milliarden Dollar zur Verfügung, die gewinnbringend angelegt sind), warnt seit Langem vor der Wahrscheinlichkeit eines solchen Ereignisses. Nur drei Monate vor dem Ausbruch von Covid-19 wurde am John Hopkins Center for Health Security unter Beteiligung des Weltwirtschaftsforums und eben jener Stiftung von Bill und Melinda Gates eine Simulation einer globalen Pandemie durchgeführt, mit dem Szenario, dass so ein Krankheitsausbruch 65 Millionen Menschen das Leben kosten würde. Alles wartete gewissermaßen auf so ein Ereignis, niemand – nicht die WHO, deren Hauptgeldgeber übrigens die besagte Stiftung ist, nicht die Pharma-Konzerne, schließlich handelt es sich um eines ihrer Hauptgeschäftsfelder, und so recht besehen auch nicht die Gesundheitsministerien, wenn sie denn ihre Aufgabe ernst genommen haben, würde behaupten können, davon völlig überrascht worden zu sein.

Auch die Biolabors, die mit gefährlichen Krankheitserregern arbeiten – auch in Wuhan gibt es bekanntlich eines, das erst 2017 für 44 Millionen Dollar fertiggestellt worden war – wissen, dass der Austritt eines Erregers nicht ausgeschlossen werden kann. *„Tatsächlich ist das SARS-Virus mehrmals aus hochrangigen Sicherheitseinrichtungen in Peking „entkommen".*"[67] Wenn ich auf dieses vorhandene Wissen hinweise, will ich nicht eine der zirkulierenden Verschwörungstheorien befeuern, etwa der Virus wäre von irgendeinem Akteur absichtlich losgelassen worden. Aber wir dürfen Folgendes zur Kenntnis nehmen: Szenarien werden tatsächlich vorausbedacht und untersucht. Es gibt starke ökonomische Interessen. Und es gibt immer wieder fahrlässiges Verhalten, auch was höchst gefährliche Technologien – und in diesem Fall: Forschungen betrifft.

All das ist mittlerweile Geschichte. Und die Gegenwart?

Die Stadt Wuhan hat ihre Tore wieder geöffnet, und auch die Menschen dort genießen den Frühling.[68] Sie dürfen sich jetzt wieder umarmen. Auch Restaurants und Bars haben wieder geöffnet. Man bestellt per App, das man sich herunterladen muss, das Bezahlen wird in China sowie weitgehend mit dem Handy erledigt. Offiziell

---

67 Zit. n. *vol.at, „Anonymous: Coronavirus ist noch viel schlimmer!"*
68 Die Informationen und Zitate entstammen einer Reportage von Christoph Giesen, *„Unsere Ausweise beginnen mit 4201"*, publiziert auf *derbund.ch*

gibt es Bewegungsfreiheit, allerdings nur, wenn man die Kontrollpunkte als unbedenklich passiert. Wer bei einer Messung einer Körpertemperatur von mehr als 37,4 aufweist, darf Busse oder Züge nicht benutzen. Man darf die Stadt verlassen, sogar nach Peking reisen – das muss man allerdings per App beantragen, und vor Antritt der Reise muss man sich für Selbstkosten von 34€ auf Corona testen lassen, in Peking wird der Test wiederholt, und dann sind erstmal zwei Wochen Quarantäne einzuhalten. *„Die traurige Wahrheit"*, sagt die Buchhalterin Zhang Yi, *„ist, dass wir wie Aussätzige im Rest des Landes behandelt werden. Unsere Personalausweise beginnen alle mit der Zahlenreihe 4201. Das ist der Seuchen-Code."* Für das Alltagsleben in Wuhan gilt der Grün-Gelb-Rot-Code[69]. Dieser Code *„ist eine Art Gesundheitszertifikat, um ihn zu bekommen, muss man eine App auf dem Smartphone haben, die entweder mit Alipay, dem Bezahldienst des Internetgroßhändlers Alibaba, verknüpft ist oder mit Wechat, dem wichtigsten Messengerdienst. (...) Grün bedeutet, dass man sich frei bewegen darf. Gelb: sieben Tage Quarantäne. Rot: zwei Wochen Isolation."* Die Farben, die man jeweils zugewiesen bekommt, errechnet ein Algorithmus, *„basierend auf Reiseinformationen und Herkunft. Auch die Bewegungsdaten fließen ein. Zu jeder Zeit lässt sich so für den Staat nachvollziehen, wo man sich aufhält. „Wir sind gläsern geworden. (...) Jeder Schritt ist nachvollziehbar. Jedes Treffen lässt sich rekonstruieren."*

Wuhan ist noch nicht China, und China ist nicht die Welt. Es wird ihr auch hoffentlich nicht als Modell dienen. Fatal ist nur, dass

---

69 Näheres dazu auf *netzpolitik.org*, *„China setzt im Kampf gegen das Virus auf Farbcodes"*. *„Der sogenannte Alipay-Gesundheitscode ist das Ergebnis einer Kooperation zwischen chinesischen Sicherheitsbehörden und dem Unternehmen Ant Financial, einer Schwester der chinesischen Online-Handelsplattform Alibaba. Das System ist nahtlos in die in China weit verbreitete Bezahl-App Alipay integriert."* Offenbar werden auch Bürger*innen auf rot gesetzt, die gar keine Ahnung haben, warum.

es – unter den Prämissen der Kontrollmöglichkeiten, die durch Digitalisierung und Vernetzung heute bestehen – als nächster oder übernächster Schritt im Kontrollparadigma sozusagen auf der Hand liegt. Und sind die Schritte einmal umgesetzt, ist es für Proteste zwar nicht zu spät, aber die Möglichkeiten, diese im Keim zu ersticken – liegen auf der Hand.

Die andere Hoffnung, auf die alle Regierungen setzen, liegt natürlich auch auf der Hand. Eine Impfung würde es erlauben, die Gefahr immer weiterer Ansteckungen zu bannen, sind erst einmal genügend Menschen geimpft. Das Vorgehen so gut wie aller Regierungen setzt darauf, den Ausbreitungsverlauf der Seuche so lange gering zu halten, bis so ein Impfstoff, sowie natürlich auch lindernde Medikamente, vorliegen. Dass von diesem geballten, weltweiten Hoffen die großen Hersteller von Impfpräparaten enorm profitieren – liegt auf der Hand. Dass es großen Druck geben wird, die Impfung auch vornehmen zu lassen, wenn sie einmal vorliegt, auch. *„Eine Covid-19-Schutzimpfung müsse als „globales öffentliches Gut" eingestuft werden und daher für alle bezahlbar und zugänglich sein."*[70] *„Um diese Ziele zu erreichen, sollten sich die G-20 bereits jetzt mit der Logistik eines globalen Immunisierungsprojekts auseinandersetzen."*[71] Auch in diesem Bereich zeichnet sich eine starke Vermischung von privaten Gewinninteressen, administrativer Bevormundung und politischen Zentralisierungstendenzen im Namen der Gesundheit ab. Alles dies ist nachvollziehbar, das Hoffen auf die Impfung menschlich und mit vielen Wünschen nach „Rückkehr zur Normalität" verbunden. Es ist allerdings über weite Strecken ein instrumenteller, mit dem Wunsch nach Kontrolle und Macht verbundener Geist, den ich hier am Werk sehe. Es gibt keinen Grund, ihm das Feld alleine zu überlassen.

---

70 Aus: *„Bill Gates fordert mehr Geld für Corona-Impfstoff"* auf *futurezone.at*
71 Bill Gates in einem Gastbeitrag für *„Die Welt am Sonntag"*

„Die Menschen konnten unzählige Geräte vervollkommnen, mit denen sie sich auf der physischen Ebene schützen und verteidigen können. Betrachtet nur einmal die Tresore, Sicherheitsschlösser, Panzertüren und Alarmanlagen, ganz zu schweigen von den Waffen: Geschütze, Panzer, Raketen, Fernlenkgeschosse usw. Auf der spirituellen Ebene jedoch bleiben die Menschen arm, bedürftig und sind allen Überfällen ausgeliefert. Dabei gibt es viele Mittel und Waffen“, schreibt Omraam Aivanhov. Bei allem, was ihr unternehmt, sagt euch zuvor: *„Ich suche das Licht, ich suche die universelle Liebe, ich suche die wahre Kraft. Kann ich sie erhalten, wenn ich dieses oder jenes tue?“* Überlegt es euch gut: wenn ihr seht, dass eine Beschäftigung oder Aktivität euch von eurem Ideal abbringt, solltet ihr sie lieber aufgeben.“*

In einer beeindruckenden Szene des Filmes *Rango* tritt dem Helden ein mächtiger Widersacher in Form einer Schlange entgegen, eine riesige Klapperschlange. Es ist jener Geist oder jene Macht, die der Bürgermeister zur Durchsetzung seiner Interessen zu Hilfe holt. Tatsächlich gelingt es der Klapperschlange, Rango vollkommen zu entmutigen. Er muss zugeben, dass er gar kein Revolverheld ist und nicht sieben Ganoven mit einer Kugel erlegt hat. Er ist ein Niemand. Traurig trottet er davon. Erst die Wiederbegegnung mit dem Gürteltier bringt ihm zur Erinnerung, dass es nicht so sehr darauf ankommt, wer er ist, sondern wer er sein will. Und dass er seine Rolle nicht aus egoistischen Motiven spielt, sondern weil er eigentlich gar keine andere Wahl hat, wenn er nicht ein mutloses Häufchen Elend bleiben will. *„Sie brauchen dich, darüber hast nicht du zu entscheiden.“* Dieses Gürteltier ist ein Bild des hilfreichen Geistes.

Braucht es große Konfrontationen, wenn wir das Gefängnis des Kontrollparadigmas verlassen wollen? Konfrontation und Bewusstsein, gewiss. Aber auch ein großes Showdown, wie im Film, den

Kampf des Guten gegen das Böse? Jeder Mensch trägt beide Seiten in sich, den Wunsch nach Kontrolle und den nach Freiheit, und der Lernprozess muss nicht unbedingt im großen Drama und unter Schmerzen verlaufen, daran erinnerte mich meine weise Freundin. Aber er muss stattfinden, und das schließt ein, dass Hintergründe und Interessen offengelegt werden.

Ich habe dazu nichts Endgültiges zu sagen, nur so viel, dass ich dem unter den Stimmungen von Angst und Unsicherheit noch weiter zurüstendem Kontrollparadigma nicht zutraue, uns aus der Menschheits-Lage zu bringen, in der wir heute sind. Ich möchte ihm mein Leben nicht anvertrauen. Ich vertraue lieber der Spontaneität des Lebendigen, wo immer es sich zeigt oder – vor allem – wenn ich es in meinem Leben selbst zulassen kann. Ich lasse mich gerne berühren von dem, was mich umgibt, und ich gebe der Angst und der Sorge nicht mehr Raum, als ihnen zusteht. Manchmal denke ich, der Virus selbst könnte so etwas wie eine unser geistiges Immunsystem austestende Impfung sein: Haben wir die Kraft, uns zu regenerieren und die alten Abhängigkeiten von uns zu schälen wie eine alte Haut, die wir nicht mehr brauchen?

20. Der einzelne und die Gesellschaft

„Lass dir alles geschehen, Schönheit und Schrecken. Man muss nur gehn: kein Gefühl ist das fernste." (Rainer Maria Rilke)

Dem Pessimisten Schopenhauer verdanken wir die bissige Bemerkung, in seinen Bedürfnissen nach der Gesellschaft anderer gleiche der Mensch dem Igel: Ohne wärmende Nähe halte er es nicht aus, doch wenn die Menschen zu eng zusammenrücken...

Ähnliches erleben zurzeit manche in ihren Partnerschaften: *„Jetzt mutet man sich einem Einzigen zu, wird zu dessen Bürde. Und weiß nicht einmal für wie lange."*[72] Denn einige Partnerschaften werden diesen Stresstest nicht überstehen und auseinandergehen. Es fehlen jetzt die Freunde und andere Bekannte, mit denen man sonst viel Zeit verbringen kann und die daher auch ein Regulativ sind für das Unverdaute, was man aus Partnerschaft und Familie mitbringt.

In diesen Erfahrungen wird indirekt – qua negativum - sichtbar wie sehr wir einander brauchen. Durch das Fehlen der anderen spüren wir, dass und wie sehr wir einander brauchen. Natürlich, die materiellen Bedürfnisse sind gedeckt und auch für digitale Unterhaltung ist reichlich gesorgt. Aber es geht um den realen Kontakt, um das banalste Zusammensein, das früher oft als etwas ganz Beiläufiges erscheinen konnte, weil es selbstverständlich war.

Die Sehnsucht nach Geselligkeit und Gemeinschaft gehört grundsätzlich zum Menschen und ist eigentlich etwas Einfaches. Sie

---

72 Birgit Schmidt, *„Die Liebe in Zeiten von Corona"*, NZZ, 20.03.2020

ist dadurch noch nicht abgedeckt und befriedigt, dass wir in einer global vernetzten und hochgradig arbeitsteiligen Gesellschaft leben, wo „irgendwie" sowieso jeder mit jedem verbunden ist und alles von allem abhängt - so irgendwie. Der Laptop, auf dem ich schreibe, enthält wahrscheinlich Schaltkreise aus China und Materialien aus Afrika, Software aus den USA, und so weiter. Viele Menschen haben daran gearbeitet, dass ich jetzt über dieses Gerät verfügen kann. Das zu wissen und zu denken befriedigt mich aber nicht. Der abstrakte Warenzusammenhang stiftet keine Gemeinschaft, und wir spüren zwar die Auswirkungen, wenn China „nicht schnell genug" Schutzmasken „liefern kann", weil es seine Produktion selbst erst gerade wieder hochfährt und die Nachfrage riesig ist, aber das verbindet uns nicht wirklich mit den chinesischen Arbeiter*innen. Solidarität mit Menschen auf der anderen Seite des Globus ist etwas Abstraktes, solange es nicht zu echten Begegnungen kommt. Sie funktioniert einfach nicht. Der Kopf mag einsehen, dass es sinnvoll und notwendig ist, mit den Menschen überall auf der Welt solidarisch zu sein, aber der Weg vom Kopf zu Herz und Hand ist ein langer. Und woran ist unser Herz denn wirklich gebunden?

In diesen ersten Monaten der Betroffenheit wird die Herausforderung durch Corona und die Folgen vor allem national gedacht und erlebt. Kein Wunder, es sind ja auch die nationalen Regierungen, die ihren Bevölkerungen die unterschiedlichen Maßnahmen zur Bewältigung der Krise auferlegen. Die Grenzen sind für Menschen bis auf wenige Ausnahmen dicht, und es sind – mit ein paar symbolisch wichtigen Ausnahmen - „unsere" Ärzt*innen, „unsere" Pfleger*innen, „unsere" Politiker*innen und so weiter – die an vorderster Stelle mithelfen, die Krise zu bewältigen. Wir sind es, denen diese Aufgaben abverlangt werden, und entsprechend lauteten die Appelle: Alle müssen mitmachen. Es gibt für den Moment keine höhere Priorität. Wir alle bringen jetzt Opfer. Und so weiter.

Beschworen wird also die nationale Gemeinschaft. Man ist (in dieser nationalen Selbstbezogenheit) gemeinsam betroffen – das schafft Gemeinsamkeit.

Damit ist eine seltene Gelegenheit gegeben, wie sie sich eine Politik oder eine Gesellschaft, die etwas neugestalten will, nur wünschen kann. Die äußere Bedrohung macht allen klar, dass man vom einzelnen etwas fordern darf. Und alle sehen das auch ein. Das bedeutet, dass wir uns in einer Situation befinden, wo den meisten Menschen so langsam klar wird, dass der grenzenlose Individualismus nicht haltbar ist. *„Die Demokratie wird lernen müssen, die Kunst der Balance zwischen Ordnung und Freiheit wirkungsvoll zu beherrschen“*, schreibt ein Unternehmer.[73] Wir erfahren den Kitt des Gesellschaftlichen direkter als sonst, und wir werden vieles, was unser Zusammensein regelt, auch neu verhandeln müssen. Dies geschieht jetzt schon. Ich halte es für wichtig, dass sich viele Menschen daran beteiligen, denn dann wird dies auch zu ihrem Prozess, in den sie ihre eigenen Vorstellungen einbringen. Das ist eine Chance für die Demokratie, die jetzt gebündelter und im Vorzeichen eines großen Ernstes auftreten kann.

Zwar wird im Moment noch vieles auf Empfehlung von Expert*innen hin beschlossen und umgesetzt, doch selbst wenn man solchen Empfehlungen weiterhin einen hohen Stellenwert geben wird, braucht es auch eine breite öffentliche Auseinandersetzung damit. Je mehr Menschen einer politischen Maßnahme nach längerer Zeit der kontroversiellen Auseinandersetzung zugestimmt haben, desto mehr Menschen werden auch bereit sein, sie substantiell und freiwillig mitzutragen. Wir können diese Krise und die, die noch auf uns zukommen – statt Krise sollte ich vielleicht

---

73 Claus Woltron in der „Krone“ vom 29.03.2020, *„Corona und die Grenzen der Freiheit“*

Herausforderung sagen – nicht einfach aussitzen. Die Zeit der Normalität des Aufschiebens der systemischen Probleme, die unsere weltumspannende Zivilisation durch ihre Art des hochintensiven und wachstumsfixierten Produzierens erzeugt hat, ist vorbei. Oder wie es Slavoj Zizek ausdrückt: *„Es wird nicht einfach alles wieder normal werden. Nur zum Teil, aber was wir dann normal nennen, wird anders sein, als was wir kannten. Wir alle werden viel mehr die Zerbrechlichkeit unserer Situation wahrnehmen*[74].“ Ich finde, das ist eine gute Nachricht. Seit langer Zeit warte ich – mit anderen, die sich bisher als Minderheit verstanden – darauf, dass sie endlich in unserer Mitte ankommt.

Um diese Mitte geht es jetzt. Das Verbundensein der Menschen organisiert sich über verschiedene Ebenen oder Kreise: Der allergrößte Rahmen ist das Eingebundensein in die Schöpfung oder in den Kosmos – je nachdem, ob man diesen umfassenden Rahmen lieber religiös oder wissenschaftlich setzen will. Der Unterschied der Betrachtungsweisen ist nicht so groß, wie wir uns lange Zeit einredeten, denn erstens schließt sich beides nicht aus[75], zweitens führen beide Sichtweisen zu dem Gefühl, Teil eines großen Ganzen zu sein, das weit über den Menschen hinausgeht. Ein zweiter Kreis mit kleinerem Umfang ist unsere Erde im Sonnensystem und die Geschichte des Lebens auf ihr. Ein dritter die ganze Menschheit, die so höchst vielfältige Menschenfamilie mit ihren Ethnien und Kulturen. Ein vierter wären übernationale Einheiten wie etwa Europa als Kontinent, die EU als Institution oder eben auch ein großer Kulturraum. Dann kommen die Nationalstaaten mit ihren Eigenheiten und Gesetzen. Dann, nach weiteren regionaleren Einheiten, die

---

74 Zit. n. *daserste.de*
75 Wenn man weder das eine noch das andere eng und dogmatisch denkt und versteht. Vgl. dazu meine Publikation „*Reiseführer Islam*“, die demnächst erscheint.

Sippe, wo es sie noch gibt, die Großfamilie mit ihren Verzweigungen, dann die Familie, die Kernfamilie, schließlich das Paar und auch noch der oder die einzelne. Ich nehme ihn als eigenen Kreis dazu, denn wir tragen Beziehungsvalenzen in uns, auch wenn wir allein durch die Luft sausen. Alle diese Kreise haben ihre eigenen Mitten, um die sich die darin inbegriffenen Einheiten versammeln können. Dazu kommen noch die freien Verbindungen wie Freundschaften, Gruppen, Bekanntenkreise, internationale Gemeinschaften etc.

Die Aufgabe der kollektiven Verständigung, die jetzt deutlicher und unausweichlicher auf uns zukommt, spielt sich auf allen diesen Ebenen ab, in den jeweiligen Mitten als den Räumen, in denen kommunikative Selbstverständigung stattfindet. Ich möchte diese theoretische Skizze ein wenig erläutern, denn das Wort „Mitte" mag für manche allzu konservativ klingen – es könnte ja auch an das tendenziöse Werk des Kunsthistorikers Ernst Sedlmayer, *„Verlust der Mitte"*, erinnern. Mitte steht in unserem Zusammenhang nicht für irgendwelche normativen Vorstellungen von absolut gültigen Werten, sondern für die Orte der Begegnung, die alle, die daran teilnehmen wollen, berühren, nähren, informieren, in Resonanz bringen und schließlich auch ausrichten.

Kommunikation und Informationsaustausch unter den Voraussetzungen der Hypermoderne wird oft als großes Chaos vorgestellt, als ein unendlicher Haufen von Kreuz-und-Quer-Verbindungen, wir könnten sagen als großer, sich ständig verändernder Heuhaufen. Diesen Heuhaufen kann niemand „überblicken", nur die Verfahren von Big-Data mit ihren superschnellen Computern schaffen noch, was kein menschliches Team mehr kann, nämlich das alles nach bestimmten Mustern zu sieben. Diese Vorstellung eines gigantischen Haufens besteht nicht ganz zu Unrecht. Die Kommunikationen und

Austauschprozesse haben sich vervielfacht. Das ist der allgemeine Hintergrund, das Ergebnis noch langen Prozessen der Öffnung unserer Kulturen und Gesellschaften plus den Verfahren der allgemeinen Digitalisierung, sodass heute im Prinzip jeder mit jedem über jedes x-beliebige Thema kommunizieren kann, ohne dass großartige Formalitäten eingehalten werden müssten. Wir haben mittlerweile verstanden, dass es in diesem riesigen Haufen zur Bildung von Blasen kommt, die die Neigung haben, den eigenen Informationsstand und die eigenen Bewertungsneigungen für „die ganze Welt" zu halten. Wir wissen auch, dass es natürlich weiterhin exklusive Clubs gibt, zu denen nicht jeder Zutritt hat, dass Medien die allgemeine Wahrnehmung und Bewertung von Ereignissen steuern, dass es hochintelligente Systeme der Meinungsbeeinflussung gibt, wo ausgewählte Botschaften ganz gezielt bei bestimmten Gruppen und Individuen andocken, um auf diese Art ihre Aufmerksamkeit zu besetzten und ihr Denken und Urteilen in eine bestimmte Richtung zu lenken. Geheimdienste sprechen von einem Informationskrieg. Aber schon jedes Unternehmen für sich allein ist ein Informationsdschungel. Und in jedem von uns kreisen so viele Eindrücke und Informationen, dass es früher viele Leben gebraucht hätte, sie zu sammeln.

Die Verständigung, die ich im Sinn habe, wenn ich von den nährenden Mitten spreche, ist etwas anderes als eine weitere Handvoll Heu für diesen Haufen. Das mag sie im Übrigen auch sein, aber wenn ich von der Notwendigkeit kollektiver Verständigung spreche, dann denke ich an Räume der Sammlung und Achtsamkeit, die die daran beteiligten Menschen als Ganze herausfordern. Dahinter steckt ein anderes Kommunikations-Paradigma. Wenn wir uns als in unserer Verantwortung autonome und freie Individuen miteinander verständigen wollen, dann müssen wir uns zuallererst gegenseitig ernst nehmen und uns den Raum für Begegnung geben, Begegnung in unserer Unterschiedlichkeit. Wir müssen uns zuallererst einmal wirklich zuhören. Sie erinnern sich an den nur einen Mund und die beiden Ohren aus dem Anfangskapitel über die Träume meiner Cousine. Auch solchen Träumen müssen wir zunächst einmal zuhören, wenn sie überhaupt die Chance erhalten sollen, mit ihrem reichen Sinn bei uns anzukommen und bei uns dann auf eine größere Bereitschaft zur Resonanz zu stoßen.

Jeder Mensch ist so ein Traum. Was wir brauchen, sind Räume des Zuhörens. Die Mitte, die mir vorschwebt, ist ein jeweiliger Resonanzraum, den mehrere Menschen miteinander erfahren. Diese Menschen dürfen mit ihrer ganzen Erfahrung präsent sein, mit ihren Geschichten, Verletzungen, Sorgen, ihren Wertungen, ihrer Sinnlichkeit, mit ihren Emotionen und Wünschen, mit ihren Oberflächlichkeiten und Tiefen, mit ihrer Sensibilität, die in dieser Erfahrung zunehmen kann, mit ihrer ebenfalls wachsenden Offenheit, anderen zu begegnen, auch wenn die anders denken und werten, mit ihrer Bereitschaft, sich deutlicher zu zeigen. Nicht das Instrumentelle steht hier im Vordergrund, wie etwa in einem Betrieb, wo man sich schnell miteinander abspricht und die Rollen verteilt. Weil sowieso vorgegeben ist, was der Zweck der Firma ist. Auch nicht das Geschwätz belangloser Kommunikation, nicht die Rhetorik des öffentlichen Redners und nicht die Überredungsversuche der Verkäuferin. Hier geht es um die achtsame Begegnung und um das gegenseitige Einander-Informieren über die Zusammenhänge des eigenen Lebens, um das Lernen voneinander miteinander. Es braucht viele Begegnungsräume diese Art, die eine solche Qualität der Nicht-Instrumentalität aufweisen, nämlich der freien Mitteilung, wo Menschen sich mit ihren Nöten, Bedürfnissen und Wünschen sowie mit ihrer vollen Intelligenz, ihrer Lernfähigkeit und Berührbarkeit aus der Stille der Mitte heraus Raum nehmen können.

Im Laufe der kulturellen Entwicklung haben wir gelernt, voneinander viel mehr Abstand zu halten, als es früher der Fall war. Ich glaube nicht, dass die Menschen, als sie noch in kleinen Gruppen umherstreiften, sich als Igel betrachteten, die nichts lieber täten, als sich endlich von den anderen zu distanzieren, um in Ruhe gelassen zu werden. Aber es gab im Vergleich zu heute wenig Spielraum für die einzelnen. Die Freiheiten – aber auch die Unfreiheiten – der einzelnen sind langsam gewachsen, bis in unsere heutigen Gesellschaften hinein, wo man im Prinzip sehr frei, aber auch sehr belanglos ist. „Du bist selbst für dich verantwortlich!" und „das Ganze braucht dich nicht (mehr)." „Mach doch, was du willst, solange du andere nicht störst." Und vorausgesetzt, du hast die Mittel dazu. Du musst selbst schauen, wie du weiterkommst. Dabei genießt der einzelne heute viel mehr Schutz und Rechte – während er gleichzeitig „funktionell" als vollkommen austauschbar gilt. Wenn es keinen Gott gibt, kräht auch kein Hahn nach ihm.

Wie von der direkten Abhängigkeit von anderen Menschen haben wir uns übrigens auch von der Natur zunehmend getrennt, die wir lernten, als Materiallager zu betrachten. Ganz viele unserer Lebensbezüge sind von Distanz bestimmt. Waffen werden ferngesteuert. Für die Medizin ist der Körper ein Objekt. Fleisch wird von irgendwoher geliefert, so wie Rohstoffe, Energie und alles Übrige. Das sind nur ein paar Mosaiksteinchen eines riesigen Bildes, das man als „Kultur der Trennung" (Charles Eisenstein) analysieren kann. Das bereits besprochene Kontrollparadigma passt da perfekt dazu, wie das sprichwörtliche Tüpfelchen auf dem i. Die Frage war nur: Wie erfahren wir in dieser allgemeinen Situation die Kraft der Gemeinschaft? Oder sollten wir nach diesem Bild von den sich flüchtenden Igeln so weit wie möglich auseinanderstreben, weil wir einander ohnehin nur verletzen und – auch noch anstecken?

Corona ist vor diesem Hintergrund ein möglicher Wendepunkt. Wir erfahren uns in dieser Krise als stark aufeinander bezogen und als voneinander abhängig, als aufeinander angewiesen – gerade in der auferlegten Trennung. Ich habe dieses Bild von den Kreisen unterschiedlichen Umfangs verwendet, denen wir verpflichtet sind und die jeweils eigene Mitten ausbilden könnten, um die Menschen sich versammeln könnten, um sich dort zu begegnen. Natürlich braucht es Millionen solcher Mitten, wie unterschiedliche Steinchen, die auf die Oberfläche eines Sees fallen, damit die Kreise sich ausbreiten, überschneiden und miteinander kommunizieren können. Es spielt keine Rolle, in welchem Kreis Sie sich mit anderen treffen, um diese neue uralte Qualität der Gemeinsamkeit und des Gehörtwerdens zu erfahren, wenn es nur möglichst viele tun. Ich bin überzeugt davon, dass das allen gut tun wird.

Ich möchte die Qualität, um die es geht, gerne illustrieren durch die Beschreibungen von Sobonfu Somé, die in einem Dorf in Burkina Faso aufgewachsen ist. Sie ist eine Lehrerin dieser Art von Kommunikation, die durch ihr Tun beweist, dass man eine lokale Kultur der gemeinschaftlichen Verbundenheit auch in durchmodernisierte Gesellschaften mit bunt zusammengewürfelten Gruppen hineintragen kann. Ich habe keine schönere Beschreibung für die gebrauchte Qualität gefunden als bei Sobonfu Somé. *„Im Dorf hast du Menschen um dich, die sich um dich sorgen und dich unterstützen, weil sie wissen, dass ihr eigenes Glück vom dem der anderen abhängt“*[76], sagt sie. Dieses Wissen ist das Geschenk, das sie aus ihrer Kultur in den Westen mitbringt. Man bleibt mit diesen Menschen einer Mitteilungsgemeinschaft in ständiger Berührung, nicht ununterbrochen, aber man weiß, dass man sich wieder begegnen wird und dass man sehr sorgfältig darauf achtet, wie es jedem einzelnen

---

76 Alle Zitate aus Sobonfu E. Somé, *„Vom Glück des Scheiterns“*

geht. Niemand versteckt sich mit seinem Unglück oder seinem
Glück. Was einem passiert, passiert der ganzen Gruppe. Die Gruppe
ist übrigens nicht unbedingt homogen und kein exklusiver Club.
*„Gemeinschaften sind das genaue Gegenteil. Sie heißen Menschen
jeglicher Art willkommen. Sie respektieren jede Dimension im Leben ihrer Mitglieder. Sie betrachten die Gaben und Schwächen ihrer Mitglieder als Wege zum Wachstum. Sie werden stärker, wenn
sie vielschichtiger werden"*, schreibt Somé. Die Qualität, die eine
Gruppe gemeinsam zu halten versucht und aus der sie sich auch
nährt, benennt sie als *„Gnade"*. Dieses Wort stammt aus der religiösen Sphäre, es könnte auch mit Wohlergehen, Prosperität oder Le-
bensgelingen umschrieben werden. *„Der Zustand der Gnade ist
jene heilige und zufriedene Daseinsform, die wir alle anstreben. Er
ist der verheißungsvolle Zustand im spirituellen Reich, in dem wir
alle unsere Schwierigkeiten umsichtig bewältigen und friedlich
mit anderen Menschen im Fluss des Lebens koexistieren. (…) Es ist
ein Zustand der Hingabe und Integrität, des harmonischen Lebens, in dem wir nicht als perfekte Menschen angesehen werden,
sondern als jemand, dem andere vertrauen und den sie respektieren."* Geht es darum, diesen Zustand ein für alle Mal zu erlangen?
Nein, denn er ist kein Besitz. Nein, denn angesichts der Ereignisse,
die uns beuteln, geschieht es immer wieder, dass ein Mensch oder
eine ganze Gruppe aus der Gnade herausfallen. Es ist unangebracht,
darauf moralisierend zu reagieren. Der Verlust der Gnade ist Teil
des Prozesses der ewigen Suche nach er richtigen Mitte. Anders
geht es gar nicht, denn in unserem Bemühen, die Harmonie wieder
zu finden, fließen Intuitionen, Träume, Gedanken, Versuche, Zufälle ein, es ist ein unüberschaubar komplexer Prozess, den man
nicht in eine Vorschrift packen kann. Das Leben ist einfallsreich.
Vielseitig und vielgesichtig. Jedenfalls – und das ist so kostbar und
berührend an diesem Verbundensein – wird niemand alleine

gelassen, wenn er oder sie aus der Gnade fällt. Es ist der Sinn dieser überschaubaren Gemeinschaften, Raum für menschliche Schwäche und Stärke zu bieten. Diese Gemeinschaften widersetzen sich aktiv der Machthierarchie. Zwar gibt es angesehene Älteste, die mehr Erfahrung und Erinnerungsraum haben als andere. Aber *„es gibt einen Unterschied zwischen einer Position der Macht und einer Position der Verantwortung. Die Ältesten in traditionellen Gemeinschaften üben keine Macht aus – sie tragen Verantwortung und befähigen andere, zu handeln. Dies hilft, die Gnade innerhalb der Gemeinschaft zu erhalten. Wenn man in ein Dorf kommt, weiß man nicht, wer zu den Ältesten gehört und wer nicht, weil die Menschen einander gleich behandeln. Das ist eine der wichtigsten Grundregeln.“*

Seit einigen Jahren bin ich Teil von Gruppen, die von einem ähnlichen Grundgedanken geprägt sind. Sie haben nicht die Bedeutung einer klassischen Dorfgemeinschaft, in der die Leute ja wirklich tagtäglich aufeinandertreffen und viele Konflikte klären müssen. Wir haben sonst nichts miteinander zu tun und treffen uns ausschließlich zum Zweck der Mitteilung. Für mich ist das ein großes Lernfeld. Es tut mir leid, dass ich das früher nicht kannte. Der Unterschied zu einem Familienverband, Verein oder Freundeskreis liegt sowohl in der sichtbaren Form als auch in den Inhalten und in der Stimmung und Tiefe, die aus der Verbindung von beidem entsteht.[77] Die Form ist die eines Kreises um eine Mitte, die leer ist. Dessen Leere steht für die Stille, die es als Hintergrund des Sprechens und Hörens braucht und für das, was alle und alles trägt. Eine Kerze in der Mitte symbolisiert die Inspiration, den Geist, das Lebendige. Diese

---

77 Für eine umfassende Beschreibung dieser Kommunikationsform s. Jack Zimmermann, Virginia Coyle: *„Der große Rat. Mit dem Herzen hören und sprechen, den Kreis erweitern“*

Praxis kommt aus indianischen und anderen Stammeskulturen. Wer sprechen will, nimmt sich den Redestab oder welcher Gegenstand auch immer dafür verwendet wird, anzuzeigen, dass es genau diese Person ist, die jetzt die Aufmerksamkeit aller anderen bekommt. Man spricht das Wichtigste aus, das, was einem im Moment am meisten am Herzen liegt. Am Anfang ist es ungewohnt, sich verletzbar und nackt zu zeigen, am Boden zerstört oder auch voller Kraft, doch bald verstehen neu Teilnehmende, worum es geht. Es ist auch ein Verlernen der gewohnten Debatten- und Streitkultur, wo es meist darum geht, wer am lautesten oder am penetrantesten ist oder wer am meisten Einfluss besitzt, am schnellsten denken kann, am meisten weiß oder am schönsten redet. Hier zählt jede Stimme gleich viel. Wir muten uns einander zu.

Ist die Anzahl der Teilnehmer*innen auch begrenzt, so greifen die Inhalte nach allem aus, was uns in unserer Existenz berührt. So ein Kreis kann um ein vorher ausgewähltes Thema kreisen oder es geht um unsere gegenwärtigen Probleme. Wir sind mehr oder weniger zufällig zusammengewürfelt. Doch in gewisser Weise erfahren wir uns als Angehörige des Menschheitsstammes: Was ihn betrifft, ist auch unsere Angelegenheit, sobald wir davon in tiefer Weise uns betroffen fühlen. Niemand ist ja heutzutage mehr für das Ganze zuständig, hört man manchmal monieren, nicht die Parteien, nicht die Institutionen. In diesem Kreis des Mitteilens erfahren wir diese Zuständigkeit wieder.

Ich hatte nicht gewusst, dass so etwas existiert. Eigentlich bin ich eher ein Einzelgänger, so wie Schopenhauers auseinanderstrebende Igel, die ja nur wegen der Sehnsucht nach Wärme zusammenkommen, wider besseres Wissen. In Gruppen fühlte ich mich meist unwohl. Doch die Schönheit solcher Kommunikationsräume, wo alle zuhören, während ich in mich horche, um das, was mich berührt und was mir wirklich wichtig ist, auszusprechen und so in die gemeinsame Mitte zu legen, hat mich überrascht. Seither habe ich eine Sehnsucht danach. Bloßes Herumstreiten mit anderen Meinungen – es lässt sich manchmal nicht vermeiden - finde ich müßig. Die Erfahrung der Kommunikation im Kreis ist, dass in so einem Raum konträre Werte und Meinungen in Berührung kommen, wie das sonst viel seltener der Fall ist. Das Zuhören und Geltenlassen beeindruckt alle. Man muss sich nicht verteidigen oder für eine Meinung rechtfertigen, man muss auch nicht antworten, es besteht kein Bedarf an schnellen Lösungen. Und wie von selbst beginnen sich in diesem Raum der Stille die Meinungen und Bewertungen miteinander zu verständen und aufeinander Rücksicht zu nehmen. Das alles geschieht ohne große Anstrengung. Der Respekt für andere wächst. Die Teilnehmenden erfahren, dass jede Position ihr Recht hat, sie bekommen einen deutlichen Eindruck davon, wie es ist, in den Schuhen eines anderen zu gehen.

In den Wochen der Ausgangsrestriktionen sind viele Realtime-Online-Gemeinschaften entstanden, die eine ähnliche Qualität bieten. In der Situation der auferlegten physischen Distanzierung sind sie sowohl für Alleinstehende, als auch in ihren Familien oder Partnerschaften beengte Menschen wichtig. Es ist einfach entlastend, das Belastende anderen mitzuteilen, und das Wunderbare dabei ist, dass dadurch nicht alle mehr zu tragen haben, sondern weniger. Wenn ich mutig genug bin, es zuzulassen, steigt in mir eine starke Liebe auf. Ich erlebe eine Solidarität, die in diesem Fall greifbar ist. Vielleicht spreche ich noch aus der Position einer Minderheit. Aber mein Eindruck ist, wir, die wir uns so begegnen, sind wie die Löcher im Käse der Gesellschaft, und indem wir andere mit dieser Möglichkeit, uns miteinander zu verbinden, bekannt machen, werden wir mehr. Das ist eine friedliche Revolution, die sich in vielen einzelnen vollziehen wird. Sie macht uns – paradoxerweise – im bewusst erfahrenen Zusammenhang unabhängiger und stärker. Ja, unabhängiger in der Abhängigkeit voneinander. Wenn wir uns so begegnen, werden wir stärker.

In der Zeit, die jetzt auf uns zukommt, werden wir gesellschaftlich viel zu verhandeln haben – wenn wir nicht möchten, dass einfach über unsere Köpfe hinweg entschieden wird. Das darf nicht passieren, denn die Änderungen, die anstehen, werden schließlich alle betreffen und von allen getragen werden müssen. Kleine Veränderungen, die unseren Alltag betreffen ebenso wie ganz große, global auszuhandelnde Veränderungen. *„Wir werden uns als Gesellschaften wieder mehr dessen zu besinnen haben, was uns ausmacht.“* Notwendig sei *„eine längst fällige Ordnung der Abläufe in der internationalen Wirtschaft und das Einziehen von Grenzen für sozialen und ökologischen Wildwuchs“*, so Klaus Woltron.

„Epidemien wie diese machen jetzt klar, wo die Grenzen unseres weltweiten – ich nenne es nicht gerne so, aber es ist so – „neoliberalen Wirtschaftssystems“ *liegen“*, so Slavoj Zizek. *„Wie kann man denn eine solche Epidemie in den Griff bekommen – ohne irgendeine weltweite Koordination?“*, fragt er weiter. *„Also das könnte vielleicht der einzige gute Nebeneffekt der Krise sein: dass wir endlich internationale Kooperation lernen.“*

Und der Journalist Bernd Ulrich konkretisiert: *„Die Kosten des Transports müssen höher werden. Wir müssen die Wahrheit sagen – die Wahrheit dessen, was sie verursachen. Und das heißt: eine Besteuerung. Man kann auch mit Verordnungen arbeiten, mit globalen Vereinbarungen, um die Globalisierung zu entschleunigen, sie aus diesem Wahnsinnstempo rauszuholen und gleichzeitig die Nebeneffekte wie das Herumtragen von Viren, das Mischen und das Aussterben von Arten, dadurch zu verringern.“*

Wir sollten den Virus nicht bedrohlicher machen, als er ist, er darf nicht zum neuen Gott-sei-bei-Uns werden, der unser Verhalten bis ins Kleinste kontrolliert.

Zizek: *„Das wird eine fast metaphysische Herausforderung sein. (…) Wir werden uns der Gefahren zu großer Nähe zu anderen viel bewusster sein.“*

Wie gehen wir mit Menschen um, die jetzt die weitgehendste Kontrolle wollen? Unterschiedliche Positionen treffen aufeinander, die auch jeweils persönliche Hintergründe haben. Also müssen wir die Räume, das alles auszusprechen und zu verhandeln, jetzt aufmachen. Ich plädiere dafür, dass das nicht nur Räume für Meinungen und Argumente sind, sondern auch – wie beschrieben – für tiefes Begegnen mit Respekt füreinander.

„Ich denke“, sagt Sobonfu Somé, *„irgendwann müssen wir Schuldzuweisungen und Schuldgefühle beiseite schieben und akzeptieren, dass wir eine Initiation in etwas Neues erfahren.“* Das wäre der Beginn einer neuen, durch das Zulassen unserer eigenen Tiefe und Verletzlichkeit verbundeneren Kultur.

21. Schluss. Zerrissen?

Ein erster Bogen ist umrissen. Das Alte liegt hinter uns, etwas Neues – oder erneuertes und den immensen Möglichkeiten unserer Zivilisation angepasstes Altes? – steht uns bevor. Wir haben uns mit dem Keller beschäftigt, mit Dingen und Zusammenhängen, die in unserer Gegenwart eher unterbelichtet sind, auch wenn sie nicht mehr verborgen und im Prinzip zugänglich sind. Es gibt Gärten, die Trost spenden und um die man sich kümmern muss. Alles, was lichtvoll und leicht ist, was man bejahen kann, weil.... zeigt uns, dass es einen geistigen und auch praktischen – praktizierbaren Weg nach oben gibt. Und es gibt Sauerteig genug, den jede*r einzelne im eigenen inneren Raum bei sich trägt und der mit dem gemahlenen Korn gefüttert werden muss, das von außen dazu gegeben werden muss. Das Tun, das ansteht, ist zur gleichen Zeit ein Geschehen-Lassen.

Corona hat uns dazu gebracht, uns kollektiv die Wichtigkeit der Gemeinschaft in Erinnerung zu rufen – das ist eine Gemeinschaft, die auch der aktiven Pflege bedarf. Es geht aber gar nicht darum, jetzt etwa jedem ein bestimmtes konservatives Bild von Gemeinschaftlichkeit vorzuschreiben und alte nationalistische Ideen wieder aufzuwärmen. Es darf viele ganz unterschiedliche Gemeinschaften geben, die ihren jeweiligen Sauerteig mit dem Korn der Erfahrungen ihrer jeweiligen Teilnehmer*innen füttern. Denn es gibt sehr viel, was neu verhandelt werden muss, und alle sollten die Gelegenheit haben, ihre Wünsche und Inspirationen in diesen Prozess einzubringen. Ich glaube auch, dass sich die Form von dem, was wir Demokratie nennen, verändern muss, vielleicht indem sie um dieses neue Element eines Gehörtwerdens aller ergänzt wird.

Das könnte die Art unseres gesellschaftlichen Verbundenseins auf eine neue Stufe heben, die wiederum jedem einzelnen ein schöneres Zuhause in der menschlichen Verbundenheit gibt. Und dann ist es auch leichter, selbstbewusst und mutig mit äußeren Bedrohungen umzugehen.

Der ganze Planet und seine Biosphäre brauchen ein neues Selbstverständnis des Menschen. Es muss nicht sofort da sein, aber es darf jetzt wachsen, sich ausbreiten und kultiviert werden. Wenn wir wieder erfahren, wie sehr uns eigentlich diese Erde und wie sehr uns unsere Gemeinschaften tragen, dann fällt es auch leichter, bequeme Gewohnheiten und Ansprüche auf so und so viel Ressourcenverbrauch aufzugeben, wenn wir erkannt haben, dass es notwendig ist. Es wird uns leichter fallen, Beschränkungen anzunehmen, die alle mittragen. Und es wird uns leichter fallen, unseren Regierungen klar zu machen, dass sie diese jetzt weltweit verhandeln müssen und gegen einzelne, die sich noch sperren, durchsetzen müssen. Man wird nicht mehr alles dem „idealistischen" Tun einzelner, dem Konsumverzicht einzelner überlassen, denn dies war eine Rechnung, die den einzelnen zu sehr mit Schuldgefühlen belastete, die ihn innerlich hin und her riss und die sowieso nicht aufging. Wenn 10 Prozent sich einschränken oder 20, dann ist das zu wenig – genauso, wie wir es bei den Maßnahmen gegen die zu schnelle Verbreitung des Corona-Virus erlebt haben. Alle müssen mitmachen, auch die Ökonomie und bisher für unantastbar gehaltene „Interessen". Ich sehe keinen anderen Weg, der nicht ins Unheilvolle führt.

Wenn wir aber gemeinsam diesen Weg gehen, dann wächst unsere Kraft und unser Selbstvertrauen. Es stimmt nicht, dass unser Leben dann ärmer wird – es wird reicher und freier. Was zuerst eine Einschränkung ist, wird sich als Entfaltung erweisen.

Gewiss, das, was aus Corona folgt, wird uns vor Zerreißproben stellen. Viele werden zurückkehren wollen zum Alten, als wäre nichts gewesen. Manche werden für viel weitgehendere Kontrollen eintreten und dies als Preis beschreiben, den wir für unsere Gesundheit eben bezahlen müssen. Es wird große Kontroversen geben. Ich hoffe, dass uns das nicht zerreißt, dass starke Lagerbildung, die ganze Bevölkerungen trennt, wie es zuletzt bei politischen Fragen wie Brexit oder die jubilierende Annahme oder unbedingte Ablehnung eines Präsidenten zu beobachten war. Wir brauchen eine Kultur, in der man wieder lernt, einander zuzuhören und die tiefen Beweggründe der anderen zu verstehen – nicht nur pro forma.

Die heilige Corana, die ihren Glauben dadurch beweisen wollte, wurde zerrissen. Fast jeder spürt heute diese zerreißenden Kräfte angesichts fast unentscheidbarer Entscheidungen in sich. Sich noch mehr verschließen? Oder sich wieder öffnen? Zum Wachstumsparadigma zurückkehren? Der Wirtschaft und den Finanzmärkten, den Konsummöglichkeiten klare Grenzen setzen? Dem medizinischen Apparat vertrauen, oder den alternativen Heilverfahren? Jeden unbegrenzt individuelle Möglichkeiten ausspielen lassen oder Geldreichtum begrenzen? Uneinsichtige Regierungen gewähren lassen, oder eine Weltgemeinschaft entwickeln, die sich zutraut, sich gegen einzelne durchzusetzen? Das sind nur ein paar Beispiele für sehr harte „Fronten“. Viele Konflikte wurden bisher hinausgeschoben, aber wenn wir die großen Fragen angehen, dann kommen diese Konflikte ins Spiel. Diese Konflikte bestehen im außen, und wir tragen sie auch in uns. Vieles erscheint einfach unentscheidbar!

Wenn unser Vertrauen in die Gemeinschaften und in die eigene Kraft wächst, können wir uns ihnen besser stellen und sie austragen. Wir können die Spannung zwischen den beiden Palmen oder Lorbeerbäumen spüren, ohne uns davon zerreißen zu lassen. Ich denke, man darf fordern, dass die Kreise der Kommunikation sich begegnen. Wir müssen es riskieren, uns gegenseitig von den Gründen der anderen berühren zu lassen. Und dann sollten wir es sein – nicht irgendwelche abstrakten „Notwendigkeiten" oder mächtige, intransparente Instanzen – die das miteinander abwägen und austragen. Ich hoffe auf eine Kultur, wo man sich nicht zerreißen lassen muss, um irgend etwas zu beweisen.

Das Leben ist verletzlich und bedroht. Wir werden lernen müssen, mit dem Virus zu leben, nicht gegen ihn. Natürlich heißt das nicht, dass angemessene Vorsicht und die Bemühungen der medizinischen Wissenschaft nicht hilfreich und notwendig sind. Aber die Einstellung von hoffentlich sehr vielen Menschen, die sich der eigenen und gesellschaftlichen Ängstlichkeit mutig stellen, ergänzen jene Bemühungen. Ich habe argumentiert, dass wir uns von der Hoffnung auf Schutz durch den starken Staat oder große Pharmakonzerne nicht abhängig machen sollten. Das Wissen, wie sehr es möglich ist, sich selbst um die eigene Gesundheit zu kümmern, verdient ebenso große, wenn nicht größere Beachtung.

Auch die „Unsicherheit" ist ein irreduzibler Teil unserer Wirklichkeit. Wir riskieren immer, unseren eigenen Vorstellungen zum Opfer zu fallen, und wahrscheinlich ist es sogar so, dass wir die Wahrheit über die „nackte Realität" der „objektiven" Bedrohlichkeit des Corona-Virus niemals wissen werden, selbst wenn wir alle so unterschiedlichen Zahlen zusammentragen. Denn dann braucht es erst wieder eine Interpretation. Hüten wir uns vor falscher Eindeutigkeit. „Wir bewegen uns auf schwankendem Boden, und letztlich glaubt man gewisse Aussagen, während man andere verwirft" (Charles Eisenstein). Das heißt aber, dass es durchaus nicht unwesentlich ist, welche Geschichte – die natürlich nicht völlig abheben darf vom Netz unseres gemeinsamen Wissens – man wählt.
In was für einer Zukunft wollen wir leben?

Das Corona-Ereignis spitzt diese Frage noch einmal zu.

Einige Zeit, nachdem ich in jener Radiosendung von der musikalischen Bedeutung der „Corona" erfahren hatte, erwartete mich eine weitere Überraschung. Das graphische Symbol des Pausenzeichens „Corona" ist ja der Punkt, der von einem Halbkreis überwölbt wird. Da fehlt was, dachte ich mir. Ja, die untere Hälfte. Wenn wir Corona umdrehen, bekommen wir den Halbkreis, über dem ein Punkt schwebt, wie eine schalenförmig gebogene Handfläche, über der etwas schwebt. Ein schönes Symbol, dachte ich mir. Und wie die beiden sich ergänzen! Das eine deutet Schutz an, das andere Offenheit. Beide gehören doch zusammen! Das Leben besteht doch offensichtlich aus beiden.

Gab es ein Symbol, dass diese beiden Hälften zusammenführte? Ich suchte danach - und fand es. Der volle Kreis mit dem Punkt in der Mitte ist ein altes Sonnensymbol. Und erst im Moment dieses Fundes fiel mir wieder ein, dass es ja noch eine Bedeutung von „Corona" gibt: *Die* Corona, das ist der Sonnenhof – der leuchtende Kreis von Gasen, der die Sonne umgibt... So schließen sich die Kreise. Und das ist irgendwie... - zauberhaft.

„Der Kreis mit Punkt wird in vielen Kulturen als Symbol für die Sonne verwendet, der alles Leben entspringt und die uns in unsere innere Mitte führt. Das Zeichen wirkt harmonisierend und hilft, der eigenen Intuition zu vertrauen." Genau das, was wir brauchen... Man kann sich das Symbol übrigens auf ein Blatt Papier malen und konzentriert betrachten, das hilft, wenn man sich beruhigen und geistig sammeln will. Ich selbst gehe lieber hinaus in die Sonne.

Gandhi schrieb: *„Indem wir den Gedanken der Stärke nähren, werden wir von Tag zu Tag stärker."*

Der Virus ist kein Feind. Er ist Teil eines Gesamtsystems, das größer ist als wir. Er ist, so möchte ich es sehen, ein – ziemlich herausfordernder – Sparringpartner.

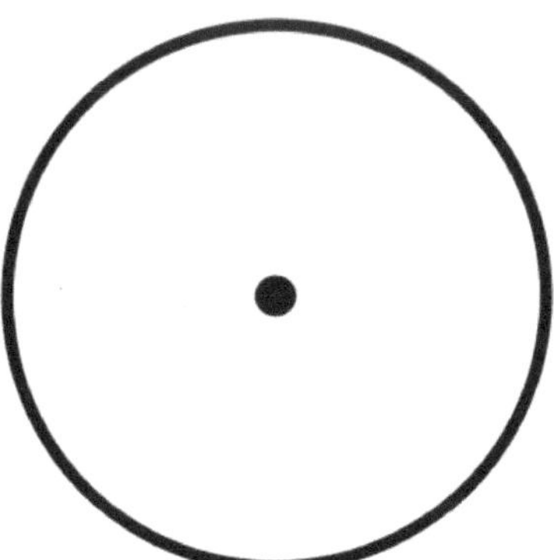

Hiersein ist herrlich." (Rainer Maria Rilke)